易의 향기

통변은 神이다

易의 향기

초판 1쇄 인쇄 2012년 2월 17일
초판 1쇄 발행 2012년 2월 21일

지은이 | 정 숙 정
펴낸이 | 손 형 국
펴낸곳 | (주)에세이퍼블리싱
출판등록 | 2004. 12. 1(제2011-77호)
주소 | 서울시 금천구 가산동 371-28 우림라이온스밸리 C동 101호
홈페이지 | www.book.co.kr
전화번호 | (02)2026-5777
팩스 | (02)2026-5747

ISBN 978-89-6023-755-1   03140

이 책의 판권은 지은이와 (주)에세이퍼블리싱에 있습니다.
내용의 일부와 전부를 무단 전재하거나 복제를 금합니다.

| 통변은 神이다 |

易의 향기

惠引 鄭淑晴

사주팔자는 못 속인다는 말이 있다.
내 사주팔자는?

ESSAY

　　1974년부터 40년 가까이 역학을 연구해 오고 1999년 2월부터 전업으로 '샘터 명리원'을 운영하고 있습니다.

　　역학에 대한 이론서는 아주 많습니다. 적천수나 명리정종, 연해자평 등 고전적인 이론서도 많고 최근에는 이런 책들을 인용하거나 모방한 많은 책들이 쏟아져 나오고 있지만 정작 통변(通辯)에 대한 책들은 찾기 힘듭니다. 그래서 이론 공부를 오래 한 사람들도 정작 사주를 풀려면 입이 잘 떨어지지 않는 경우가 있습니다.

　　필자의 通辯이 절대적이거나 완벽하지는 않지만 그래도 공부하시는 데 도움이 될 수 있다면 보람이 있을 것 같습니다. 오랜 세월 공부해 왔고, 스승에게서 배운 것이나 구전해 오는 여러 비법과 이론들을 바탕으로 입체적이고 종합적인 시각으로 통변한 사주들입니다.

고정관념에 사로잡히지 않고, 내 것만을 고집하지 않을 때 더욱 눈이 밝아질 수 있다고 생각합니다.

용신격국별로 정리하지 않고 풀기가 어렵거나 특이한 사주를 모아서 순서 없이 풀어 봤습니다. 수필을 대하듯 편한 마음으로 읽어주시기 바랍니다.

적천수, 명리정종, 연해자평, 추명가, 사주정설, 한밝식 사주풀이 등이 이 졸저의 이론적 근간입니다.

壬辰년 정월에 惠引 鄭淑晴

목차

Ⅰ. 부부 해로하기 어려운 사주 ·················· 007

Ⅱ. 단명하거나 장애자가 되는 사주 ·············· 101

Ⅲ. 성욕에 눈이 먼 사람들 ························ 121

Ⅳ. 위선적이고 탐욕이 많은 사람들 ············· 145

Ⅴ. 자식 애로가 많은 사주 ······················· 159
　　육친 찾기와 그 활용법

Ⅵ. 결혼 후 막히는 사주 ·························· 233

Ⅶ. 결혼 후 풀리는 사주 ·························· 243

Ⅷ. 그 밖의 사연들 ································ 265

I.
부부 해로하기 어려운 사주

부부 해로하기 어려운 사주

99년 2월에 서면 롯데 바로 옆에 사무실을 냈다. 그 당시 전국적으로 명퇴 바람이 부는 바람에 여교사들이 많이 물으러 왔었다.

어느 날 사십 중반쯤 된 바싹 마른 여자 분이 들어섰다. 말없이 사주를 뽑았다.

		41	
癸 癸 丁 甲		庚 辛 壬 癸 甲 乙	
丑 亥 卯 午 여자		申 酉 戌 亥 子 丑 大運	

당시 47세인 戌대운 己卯년이었다. 약간 신약한 듯해도 地支에 亥子丑 水局이 있어 일주가 약하지 않다. 食傷生財로 가야 한다. 亥卯로 木局을 지어 생재를 하나 卯가 濕木이라 氣의 흐름이 원활치 않다.

卯에는 천을귀인이 있고 문창성이며 木火가 희용신이다. 총명하며 학문과 입으로 먹고 살아야 하니 전형적인 교사 사주다. 말없이 사주를 더 신중하게 살펴보았다. 부부운을 보자. 午 중 己土가 남편이다. 편관이기는 해도 자식인 甲木과 합을 했으니까. 당시엔 몰랐지만 지금 보면 년월주가 서로 3급 소용돌이 속에 있다.

丁은 남편의 표출신이고 癸의 극을 받으니 부부 운에 문제가 있어 보인다. 丑을 남편으로 보더라도 비견의 남편이고 木局이 있어 이 집 저 집의 자식을 낳거나 키우는 형상이다. 관성은 약하고 식상은 旺하니 부부 갈등이 심하다. 또 이 여성의 성격이 차고 고집이 센 편이다. 찬 얼음물로 남편 표출신인 丁을 극하니 불화가 잦다.

丁은 희신이고 正財라 내 생명줄인데 時干의 癸가 극하고 있어 중년부터 건강이 부실해지거나 단명할 수도 있는 사주였다. 얼핏 보기엔 좋아 보이나 남모르는 고통이 많이 숨어 있는 사주다.

"선생님이 오늘 보러 오신 목적은 두 가진데 하나는 명퇴 문제이고 다른 하나는 이혼 문젭니다."

손님이 깜짝 놀라는 표정으로 "제가 교사인 걸 어떻게 아십니까? 맞습니다. 오늘 그 두 가지가 궁금해서 왔습니다." 한다.

壬戌대운이다. 대운간 壬은 일지에서 투출된 나의 표출신이고 壬이 월간 식신 위의 丁과 합을 하니 돈 욕심이 나고 식품 계통의 사업이 하고 싶어진다. 대운지 戌도 卯戌로 합을 하여 火가 더 왕해지니 돈 욕심이 난다. 丑戌형과 戌亥 천문살로 官星이 흔들리니 직장 염증이 난다. 官이 흔들리니 남편도 딱 보기 싫다.

"그런데 왜 처녀 선생이 애까지 달린 남자한테 후처로 갔습니까?"

그 여성은 너무나 놀라서 입을 다물지 못했다. 전실의 딸이 둘인데 자기가 키웠다는 것이다. 남편도 초등 교사라고 했다. 두 사람이 부적절한 관계로 남의 가정을 깨고 들어간 것 같았는데 그 말은 하지 않았다. 그런 말까지 하고 싶진 않았다. 이 여성도 딸을 하나 낳았다고 한다.

명퇴를 하고 커피숍을 하고 싶다고 했다. 선생이 웬 커피숍이냐며 명퇴도 말리고 이혼도 말렸다. 그랬더니 "불화 속에 살아왔고 명퇴를 하면 다른 사람의 시선도 의식하지 않아도 되는데 왜 이혼을 하지 말라는 겁니까?" 하며 물었다.

"선생님, 잘 들으세요. 아무리 미워도 아플 때는 남편이 최곱니다. 이제 곧 많이 아프고 생명의 위험이 올 텐데 그래도 남편이 계신 편이 더 낫지 않을까요? 그리고 학교는 계속 다니셔야 건강에 더 도움이 됩니다."

"전 지금 건강한데 어디가 얼마나 아프다는 말씀입니까?"

"예. 지금 암이 와 있던지, 아니면 곧 올 것 같습니다."

난 참 겁도 없이 말했다. 지금 생각하면 어떻게 그런 말을 했을까 내가 더 신기하다.

"예? 암씩이나요? 무슨 암입니까?"

"식신이 入墓하니 자궁이나 유방 또는 갑상선 쪽일 겁니다. 그 세 군데는 같은 호르몬이 흐른다고 하더군요."

별로 믿기지 않는 표정이고 약간은 불안한 기색으로 돌아갔다. 그날 내가 하도 잘 맞히는 바람에 안 믿을 수도 없게 된 그 교사는 그날 늦은 오후 병원에서 자궁과 유방의 암 검사를 했더니 아무 이상이 없었다는 것이다. 그런데 6개월 뒤에 다시 검사를 받으러 갔다가 유방에 좁쌀만 한 크기의 암을 발견했다고 한다. 바로 수술을 받고 10년이 넘은 지금까지 살아있다. 그런데 한 번도 소식이 없었고 고맙다는 전화도 없었다. 상당히 냉정하고 자기중심적인 성격인 것 같다. 이런 소식도 그녀의 언니가 몇 번 보러 와서 전해준 말이다. 학교를 그만 두었다가 病이 나은 후 전남에 복직하러 갔다고 한다. 그 바람에 남편과 오랫동안 직업상 별거하게 되었다.

2008년 戊子년 겨울, 뜻밖에 그 여선생이 나타났다. 내가 사무실을 옮겼는데 용케도 잘 찾아왔다. 10년 만이었다. 연녹색 바바리를 걸치고 그 옷의 색상과 거의 같은 얼굴색을 하고 나타났다. 자기는 지금 광양에서 교편을 잡고 있는데 자기 남편이 교장으로 퇴임이 1년도 안 남았으며 이 여성의 미혼인 딸이 29세인데 무조건 이혼하자며 볶아대서 찾아왔다는 것이다. 오랫동안 별거를 해서 싸울 일도 별로 없는데 그 나이에 이혼하자는 이유를 모르겠으며 이혼을 해야 하는지 답답해서 왔다는 것이다. 그 남편 사주는 다음과 같다.

			54						
丁	辛	癸	丁	丙	丁	戊	己	庚	辛	壬
酉	丑	丑	亥 남자	午	未	申	酉	戌	亥	子 大運

金水傷官에 조후가 필요해 싫어하는 丁이지만 기대는 수밖에 없다.

丁은 약하고 癸의 극이 심하고 木의 생조가 없어 허하다. 상관 사주니 총명하다. 신왕하니 고집이 세다. 일지에서 올라온 癸가 자신의 표출신이고 丁을 극하고 있다. 그래서 처궁이 부실하다. 독선적이고 거침없는 언행이다. 빈틈없이 용의주도한 성품이고 자만심이 강하다. 상관 사주들의 공통된 특징이다.

癸는 자신의 言行인데 폭언과 폭행이 심했을 것이다. 丁이 처다. 원래는 木이 처성이지만 없고 亥 중 甲이 처다. 丁과 亥는 천간지지가 서로 합하고 있어 한 몸이다. 그래서 丁을 처로 보며 처성이 두 개이니 재혼지명이고 재혼을 거듭해도 제대로 해로가 안 된다. 木이 없으니 돈과 여자에 집착한다. 여자를 밝힌다. 丁은 자식도 되고 처도 된다. 이 집 저 집 자식 낳는 팔자다. 丁이 처성과 동일하니 딸만 두셋이다.

庚대운 - 時干의 丁이 타고 있는 酉에서 올라오고 도화와 홍염살의 발동이라 결혼운이다. 첫 여자인 丁이 년간에 있으니 비교적 조혼한다.

戌대운 - 丁의 뿌리도 되고 일지도 沖하니 이 여성과 바람이 나서 첫 부인과 이혼했다. 자식은 이 남성이 데리고 왔다. 丁이 싫지만 조후가 되니까.

己대운 - 丁을 극하는 癸가 억제되니 이 여성과 결혼식을 올렸다.

丁대운 - 힘이 없어 웅크리고 있던 약한 丁이 운에서 들어온 丁에 의해 合動이 되어 癸와 싸우니 불화가 극심하고 처질병이 생기고 생명의 위험이 지나갔다. 그것으로 다 땜이 모자랐는지 처가 복직을 핑계로 멀리 전라도로 떠나고 어쩌다 한 번씩 만나게 되었다. 丁未대운이고 未가 년지의 亥와 암합하여 木局을 이루니 곧 여자가 생겼을 것이다. 지긋지긋한 처를 정리하고 여생을 즐겁게 지내고 싶어졌을 것이다. 未가 부부궁인 丑을 치니 여자 때문에 부부궁이 흔들리는 형국이다.

　후처 소생의 미혼인 딸이 29세라 딸을 시집보낸 후 이혼해 주겠다고 해도 막무가내로 이혼하자고 밀어붙이는 이유는 새로 생긴 여자에게 자기의 연금을 물려주고 싶은 것이다. 재직 중에 혼인신고가 되어야 혜택을 받을 수 있으니까. 물려줄 재산도 크게 없으니 연금으로나마 장래를 보장해주고 싶은 것이다. 사랑하니까. 그 사랑 언제까지 갈진 알 수 없지만…….

　남편에게 7, 8년 전부터 여자가 생겼고 그래서 이혼을 요구하는 것이라고 대답해 주었다. 퇴직하기 전에 호적을 정리하고 그 여자한테 연금을 물려주고 싶어서 그러니 절대로 이혼해 주지 말라고 했다. 죽을 쑤어 개한테 줄 일은 아니라고 했다. 그런데도 이 여성은 선생다운 아주 순진한 얼굴로 자꾸 바람이 난 건 아닐 거라고 했다. 참 딱했다.

　辛卯년에 우연히 소식을 듣게 되었다. 내 말대로 정말로 숨겨둔 여자가 있어서 결국은 이혼을 해줬다는 것이다. 29세 막내딸 친구의 엄마와 붙었다는 것이다. 새로 생긴 여자와의 사이에서 아들을 얻었다는 소문도 있다고 하는데 확실한지는 모르겠다고 한다.

　30년간의 결혼 생활은 이렇게 허무하게 끝나고 인생의 회한만 안고 살아가야 하는 그 여교사의 처지를 생각하면 지금도 마음이 저려온다.

```
甲 己 庚 乙          丙 乙 甲 癸 壬 辛
戌 亥 辰 巳 여자     戌 酉 申 未 午 巳 大運
```

　去殺有官格 사주라 사주가 맑고 貴格이라고 말할 수도 있겠지만 그렇지 않다. 그저 관살이 혼잡된 탁한 명조이다. 乙庚으로 좀 맑아지기는 해도 乙庚의 합이 풀리거나 亥가 合沖을 당하는 운이 오면 庚辰이 甲戌을 치는 구조로 되어 있다.

　乙은 자식인 庚과 합하니 첫 남편이다. 乙에서 庚은 正官이니 딸이다. 庚이 태어나면 乙은 무력해진다. 乙은 편관이고 地支로는 충이 되어 좋지 못한 인연이며 헤어질 남편이다. 결혼 후 딸 하나 낳고 이혼하고 모친이 양육하고 있다. 자식인 庚이 乙과 합하여 巳 장생지로 찾아드니 巳는 이 여성의 모친이다.

　甲은 재혼 남편이다. 혼인신고 안 하고 동거하는 내연의 관계다. 戌 위의 약한 甲이 나와 합하여 물을 찾으니 내 돈을 보고 동거하는 남자다. 이 여인은 큰돈은 없고 식당업을 하여 그럭저럭 살아가는데 남자가 자꾸 돈을 뜯어간다. 이 여인은 식당을 하자니 남자의 일손이 필요해서 서로 필요에 의해 살아간다. 어떻게 하면 조용히 정리할까 생각 중인 사이다.

亥가 부친이고 甲은 부친의 표출신이다. 甲이 좌우 명암 합하니 재혼하셨고 戌은 부친의 첫 부인이고 己는 생모인 셈이다. 일간이 다른 육친이 될 수도 있다. 戌은 겁재니 형제성이기도 하며 이복형제가 있다. 같은 원리로 시모님도 재혼하셨다. 亥가 시모님이기도 하다.

丙戌년에 식당과 남자를 함께 정리할 생각이라고 찾아왔길래 내년 丁亥년에 언니뻘 되는 여자와 동업을 할 운이 있다고 했더니 씨익 웃었다. 그럴 생각이라고 했다. 하지 말라고 했다. 丁은 戌(언니뻘)에서 올라온 문서이다.

어느 날 40대 초반과 중반으로 보이는 두 여성이 방문했다. 서로 언니, 동생 하는 사이인 것 같았다. 젊은 쪽이 앉지도 않고 문설주에 기대어 팔짱을 끼고 서서 내려다보며 껌을 짝짝 소리 내어 씹으며 좀 되바라진 말투로 물었다.

"여기는 온 가족 다 보고 2만 원이라면서요?"
"어디서 잘못 듣고 오신 모양인데, 1인당 2만 원입니다."
"우리 조선족 올케가 여기서 그 돈으로 보고 갔다는데……"
"아, 그 조선족 아주머니가 올케 되십니까? 그분은 멀리서 시집오

셨고 내게도 조선족 친구가 있어서 그렇게 봐드린 것이고 그 후 그 분이 데리고 온 조선족 아주머니는 형편이 너무 딱해서 내가 한 푼도 받지 않았지요. 그건 내 마음이고 지금 말씀하신 돈으로는 봐드릴 수가 없습니다. 안 보고 가셔도 되니 부담 느끼지 마시고 저쪽에 가서 차나 한 잔씩 하시고 돌아가시지요."

그래도 돌아가지 않고 계속 강요를 했다. 난 최대한 인내심을 갖고 꾹 참았다. 아주 교양 없는 말투는 여전했다. 그중 언니뻘 되는 여성이 조용히 있다가 먼저 보겠다고 했다. 다 보고난 후 정상적인 상담료를 냈다. 말수가 적고 교양미가 있어 보였다.

입이 쑥 나와 있던 그 젊은 여인도 보겠다고 했다. 자기의 사주를 댔다. 앞의 식당을 한다는 그 여성과 비슷한 사주구조다. 丁亥년 겨울에 상담을 했다.

					41			
庚	戊	庚	乙		乙	甲	癸	
申	午	辰	巳	여자	酉	申	未	大運

乙巳가 일주와 아무런 合이 없지만 乙이 내 자식인 庚과 합하고 巳가 건록이라 내 뿌리가 있어 乙을 첫 남편으로 봤다. 乙은 庚이 생긴 후 무기력해지니 인연이 끊긴다고 본다. 그래서 내가 입을 열었다.

"아주머니, 일찍 결혼해서 자식 하나 낳고 이혼을 하셨네요?"
"절대 아닙니다."
두 여성이 동시에 소리쳤다.
가리개 뒤편에서 어느 모녀 손님이 듣고 있어서 아주 민망했다.
"아니라구요? 그럴 리가 없습니다. 난 六親論은 자신 있습니다. 아니라면 생일이 잘못되었든지 거짓말을 하고 있든지 둘 중 하나겠지요. 바른 말이 안 나오니 난 상담을 하지 않겠습니다."
정곡을 찔렀으니 보고는 싶고 옆에 앉은 언니는 그 사실을 모르고 있으니 한참 망설이더니 신경질을 부리며 이렇게 말했다.
"이래서 내가 어디 물으러 가면 혼자 간다니까."
"혼자 가시니 알아맞히던가요?"
"하기야 다른 데서는 아무도 이런 말을 하는 사람이 없었어요."
"그런데 시집을 몹시도 일찍 갔네. 21세부터……." 하는 내 말을 급하게 끊으며 들어왔다.
21세부터 홍염살이 발동해서 연애나 결혼이 이루어진다는 말을 하기도 전에 깜짝 놀라며 말했다.
"아니 어쩌면 그렇게 나이까지 쏙 집어서 말씀하십니까?"
"그런데 재혼을 해도 재미는 없는 기라……."
또 둘이 동시에 소리쳤다.
"그건 절대로 그렇지 않습니다. 얼마나 금슬이 좋은데요?"
"절대요? 중 담뱃대요? 또 해로를 못할 건데 어쩌지요? 丙戌년 작년에 늙수그레한 남자 하나 알아 지금 연애 중이지요?"

갑자기 여인의 얼굴이 환해지며 몸을 약간 꼬면서 말했다.

"어찌 하다 보니……."

온 얼굴에 사랑의 환희가 넘쳐흘렀다. 丙戌년의 丙은 도화살이 발동한 것이고 홍염살인 辰을 충하니 충동적인 연애 감정이 솟구치는 운이다. 이혼한 것은 그렇게 부끄럽게 여기며 숨기는 여자가 그보다 훨씬 더 부끄러운 일에는 아무런 죄의식도 없이 자랑스럽게 말하는 것을 보니 한심했다. 아무리 타일러도 그 남자를 정리할 생각은 추호도 없었다. 戊子년에 들통이 나서 이혼을 할 것이라고 으름장을 놓아도 소용이 없었다.

이 사주는 홍염살과 도화살이 있고 乙과 戊는 홍염살이 발동된 것이라 본인이 끼가 있다고 본다. 乙은 첫 남편이고 시지 申 중의 壬이 재혼 남편이다. 일지와 암합하니까. 戊子년의 子는 합신이라 남편이라고 보는데 子午충되고 辰에 입고하니 남편으로 인한 애로가 터진다. 불화가 극심하든가 재물이 새기도 한다.

乙대운 - 乙은 원래의 남편성이고 庚에 의해 合去되니 남편으로 인한 문제가 일어난다. 남편이 사업상 큰 어려움을 겪고 있다고 했더니 그렇다고 한다. 庚은 재혼남의 표출신이기도 하니 庚에서 보면 乙이 돈이다. 乙이 절지에 앉았고 庚에서 보면 대운지 酉는 겁재운이다. 금전으로 인한 고통이 크고 아주 망할 수도 있다. 겁재운이니 처가 바람이 난 것이다.

癸대운 - 合神이 들어오는 운이고 癸는 월지 홍염살 辰에서 올라오니 충동적인 연애 감정으로 급하게 결혼이나 동거를 하는 운이다. 사주에 관성이 뚜렷하지 않고 이렇게 合神이 들어오는 운에는 정식으로 식을 올리는 일보다 동거가 많이 일어난다. 혼전 임신하여 결혼하는 운이고 이 여성도 그랬다고 한다. 아들인지 딸인지는 정확하게 모르겠다고 했더니 아들 하나 낳은 후 헤어지고 未대운에 재혼했다고 한다. 未대운은 도화가 일지와 합하니 재혼운이다.

						42			
甲	丁	癸	己		庚	己	戊	丁	
辰	巳	酉	亥 여자		辰	卯	寅	丑 大運

　편재용인격 사주다. 신약하니 甲이 용신이고 癸가 일간의 忌神이다. 甲은 生木이니 生火가 잘 이루어지지 않으며 庚이 불투하여 벽갑인정도 어렵다. 甲은 멀리 己에 합거된다. 巳酉합으로 원합이 가까워졌다.

　甲에 의지해야 할 사주가 기신인 癸酉와 합하니 초년운이 불길하며 남편운이 불길하다. 초년에 공부나 부모 말은 뒷전이고 돈이나 이성에 눈이 멀어 잘못된 길을 걸어가는 형국이다.

　巳 중의 庚金이 부친인데 辰 중의 乙과 암합하고 또 甲도 있어 재혼하셨다.

　亥가 년지에 있으니 조혼한다. 10대 후반부터 이성에 눈을 떴다.

亥는 첫 남편이다. 연애하느라 공부는 하지 않았다고 한다.

癸가 기신이니 얼핏 봐도 남편운이 불길하다. 더 자세히 집어내야 한다. 년지의 亥가 첫 남편이다. 자식인 己와 亥 중의 甲이 명암합하니 첫 남편이다. 巳亥충이 일어날 것을 酉가 보류하고 있었으나 丑대운에 巳酉丑으로 三합이 되니 그만 巳亥충이 되고 말았다. 丑대운 초 37세에 이혼했다.

癸는 재혼한 남편이고 辰에 뿌리를 두고 있다. 천간으로는 극하지만 지지로는 巳酉로 합하고 그 뿌리가 되는 辰은 용신의 뿌리이기도 하니 재혼한 남편과는 그럭저럭 맞추어 가며 살아가고 있다. 역시 갈등은 좀 있다.

기신인 癸가 합거되는 戊대운부터 운세가 호전되어 재혼 남편이 풀리기 시작했다. 戊寅대운이 좋은 운이라 남편 사업이 날로 발전하고 있다.

己대운 - 甲은 亥에서 올라와 남편의 표출신이기도 한데 합거되니 사업이 주춤하고 또 갈등이 일어나며 살기 싫어진다.

卯대운 - 卯酉충으로 손재가 예상되고 巳酉의 합이 깨어지면서 癸의 극이 일어나니 또다시 극심한 불화나 이별이 예상된다. 이 여성에게 큰 질병이 올 수도 있다.

庚대운 - 벽갑인정이 일어나 운세는 크게 좋아지나 甲은 남편의 표출신이라 남편의 건강과 안전이 우려된다. 甲은 본인의 머리나 간이니 이 여성도 그쪽의 질병을 조심해야 한다.

이 여성의 재혼 남편

```
                                    41
丙 乙 甲 戊           庚 己 戊 丁 丙 乙
戌 酉 子 戌  남자    午 巳 辰 卯 寅 丑  大運
```

　겨울나무라 溫土와 태양이 필요하다. 戊戌년주는 멀고 甲子에 극되어 인연이 멀다. 乙酉와 戊戌은 타순이기도 하니 멀 수밖에 없다. 시주의 丙戌을 향해 나아간다. 同旬이고 有情하다.

　戊戌은 첫 부인인데 卯대운에 卯戌로 합이 되어 만났으나 卯대운은 겁재인 甲이 양인을 얻어 득세하는 운이라 이삼 년도 못살고 이혼했다. 丙戌은 후처인데 희용신이고 동순으로 상생하며 유정하니 재혼 후에 크게 좋아진다.

　년주의 戊戌은 초년의 재물운이기도 한데 甲子에 의해 극되니 40세까지는 직업 애로가 많고 돈이 하나도 없다. 戊戌은 부친이기도 한데 乙丑대운에 天沖地沖이 일어나 부친이 별세했다. 10세 전이다. 춥고 배고픈 시절이다.

　戊辰대운 - 군비쟁재가 일어나고 辰戌충이 일어나니 재물운도 부부운도 나빠 돈은 다 새고 재혼도 여의치 않으나 辰대운 말에 辰戌충으로 戌이 하나 제거되어 부부궁이 맑아지니 재혼할 수 있었다.

　己巳대운 - 己가 겁재인 甲을 합거하고 대운지 巳가 丙용신의

綠地가 되니 처음으로 시작한 공장이 날로 발전하여 돈을 좀 많이 벌었다.

庚午대운도 벽갑인정이 되어 좋은 운이라 자신은 날로 발전하겠지만 庚이 甲을 치니 형제의 액이 있을 것이다.

傷官이 用神이라 정직하고 경우가 밝으며 빈틈없이 야무지나 직선적이고 말이 밉상이며 난 체하는 기질이 강하다. 기술자 사주다

子가 기신이고 鬼門이니 모친과는 서로 안 맞고 모친 덕도 없다.

후처 사주에서 癸가 기신이니 癸를 합거시키는 戊戌년생 남편이 좋다.

					54		24			
丙	乙	甲	甲		庚	己	戊	丁	丙	乙
戌	卯	戌	午	남자	辰	卯	寅	丑	子	亥 大運

이 사주에는 모친인 印星이 보이지 않는다. 찾아야 한다. 어물어물 넘어가면 원론적인 말만 나온다. 戌이 두 개인데 시지의 戌이 부친이다. 희신인 丙을 태우고 있으니까. 戌과 합하는 卯가 모친이다. 卯는 쟁합을 하고 있어 모친이 재혼하는 사주다. 모친이 첫 결혼에서 씨 다른 형제 甲을 낳았고 모친이 그 남편과 이별한 후 나의 부친과 결혼하여 나와 내 형제인 卯를 낳았다.

甲 乙이 또 있어 나의 부친도 재혼이다. 이렇게 자세히 집어내니 이 남자 손님의 눈이 둥그레지며 神과 역학을 겸하여 보는가 물어 보다가 내게 핀잔을 듣고 말았다. 그런 소리 들을 때 아주 기분이 나쁘다. 40년 가까운 세월을 이 공부 하나에 매달려 살다시피 했는데……

甲이 午 死地에 앉고 丙이 사신발동이라 형제가 단명했다.

戊이 좌우에서 합신하니 이 남성도 재혼했다. 丑대운에 丑戌형이 이중으로 일어나니 사랑했던 여인과 실연을 하고 다른 여자와 결혼했으나 처음부터 갈등이 아주 심했고 결국 이혼하고 말았다. 본인 바람으로 이혼했다. 卯戌의 합이 있고 卯와 午가 도화살이고 甲과 丙으로 도화살이 발동하고 午가 홍염살이기도 하다. 도화 홍염살이 모조리 발동하니 바람둥이다.

					28
辛	壬	乙	癸		戊
丑	子	丑	丑	여자	辰 大運

丑이 남편이다. 六合도 하고 正官이니까. 丑이 많고 辛과 癸가 남편의 표출신이니 재혼지명이다. 삼혼일 수도 있다. 만나는 남자마다 다 쓸모가 없고 관계가 나쁜 사주다. 辛도 己도 다 기신이니까. 濕土에서 솟아 추운 겨울을 더 견디기 어렵게 하는 남편들이다.

戊대운에 기신인 癸를 합거하니 결혼운이다. 겁재인 癸가 남편의 표출신이라 돈 안 되고 무기력한 남편이고 바람기가 많은 남편이라 바로 이혼했다. 사주에 비겁이 많아 남편이 바람둥이다.

추운 겨울 눈비가 내리는 형국이라 해가 뜨든지 溫土가 와서 물을 좀 막아야 한다. 사는 곳은 陽山이다. 따뜻한 山이니 맞는 곳이다.

辰대운에 연애 중이지만 재혼해도 재미가 없고 또 이별할 것이다.

己巳대운부터 많이 호전될 것이다.

辛이 모친이고 壬이 모친에게는 상관이라 경우가 밝고 야무지나 지나치게 직선적이고 말이 밉상이다.

36

乙	庚	庚	壬		丙	丁	
酉	寅	戌	子	여자	午	未	大運

乙이 쟁합하고 있다. 乙은 나의 합신이니 남편이기도 하고 부친 성이기도 하다. 원래 寅이 부친이나 寅午戌로 삼합하여 타서 사라진다. 乙을 부친으로 보나 寅을 부친으로 보나 단명할 부친이다. 申대운에 사별했다. 寅申충이다.

乙이 쟁합하니 부친이 재혼이고 나의 모친이 부친의 후처이다.

乙이 합신인데 또 寅이 있고 戌 중의 丁이 남편인데 또 寅 중의 丙火가 있다. 그래서 나도 재혼지명이다. 丁대운 29세경 결혼했다가 未대운에 이혼했다. 戌未형으로 충출된 丁을 壬이 합거했다.

丙대운 - 丙이 寅에서 올라오니 초봄의 寅木이라 연하남과 동거하며 자식도 생겼으나 생활고에 시달리고 있다. 해로하지 못할 것이다.

乙은 쟁합하고 絶地에 앉았으며 寅은 다 타니 돈과 남편에 허덕이는 사주다. 평생이 고달플 것이다.

```
                    31
壬 癸 乙 壬        己 戊 丁 丙
戌 亥 巳 子 남자   酉 申 未 午 大運
```

신왕하니 戌이 용신이다. 山이 있어야 旺水의 범람을 막을 수 있다. 그래서 釜山에서 나고 쭉 살아왔다.

巳가 부친성이나 沖 받아 있고 허약해서 부친을 일찍 이별하거나 무기력한 부친을 둔다. 이렇게 부친성이 허약할 때는 초년운을 잘 살펴야 한다. 丁대운에 丁도 부친성인데 時干의 壬이 합해서 戌에 入庫시켰다. 壬戌은 백호살이라 부친이 흉사하셨다.

巳는 정재니 처성이다. 역시 충살 받아 허약한 巳라 일찍 이별한다. 戊대운에 戊가 巳에서 올라와서 일간과 합하니 동거로 시작했다. 운에서 財星이 아닌 合神이 올 때는 속도위반이나 동거가 먼저 시작된다. 申대운이 오자 巳申의 형살과 겁살이 작용하고 巳가 申에 합거되어 부부 이별했다. 자식이 하나 있다. 巳 중의 戊土가 자식인데 손위 형제인 子 중의 癸와 암합하니 누나가 양육했다.

戌 중의 丁火는 時干의 壬水와 합을 하니 유부녀거나 과거 있는 여자이고 나의 후처다. 己대운초에 여자가 생겼는데 丁亥년에 두 집의 자식들을 합치고 살림을 차렸다. 戌 중의 戊토는 후처가 데리고 온 자식들이다. 애가 둘 달린 여자가 들어왔다. 후처는 개띠다. 戌亥천문살에 놓이니 해로하지 못할 것이다.

본처는 巳戌 귀문살에 걸리고 후처는 戌亥 천문살에 걸리니 둘 다 신기가 있고 정서가 불안하며 또라이 기질이 있는 여자들이다. 이 남성 또한 정신력이 부실한 편이다.

未대운 - 戌未형으로 용신을 치고 강물은 범람하니 공부는 뒷전이고 해서 안 될 짓만 골라하며 亥未로 합하니 일찍 이성에 눈뜨고 분별력이 없어진다. 당연히 대학 진학을 못했다.

丁亥년도 저물어가는 어느 겨울날, 울산에서 건축설계사로 활동 중인 석 여사가 자기 동업자인 강 사장과 함께 들렀다. 석 여사는 40대 초반이었는데 공장을 짓고 기계 설치를 하는 한국에서 셋밖에 없다는 특수 기술자 중의 한 사람이다. 젊은 여성이 대단한 일을 하고 있다.

3인 동업으로 사업하는데 나머지 한 남자 동업자의 사주를 보러 왔다는 것이다. 평소처럼 사업 운을 묻는 게 아니고 미리 말하기를 그 동업자의 처가 성질이 흉포하여 남편을 수차 칼로 찔렀는데 이번에는 커다란 식도로 남편의 머리를 내리쳐서 두개골이 쩍 벌어져 병원에서 철심을 박는 기법으로 수술했다는 것이다. 일반 수술실로는 봉합할 수 없었다는 것이다. 무슨 여자가 사무라이도 아니고……. 그 사람의 처는 술집 출신인데 남자들로부터 상처를 많이 받았다는 것이다. 아무리 상처를 받았어도 그렇지, 어찌 한두 번도 아니고.

헤어지지 왜 사느냐고 물으니 그 남자가 부모 없이 자라서 자기 자식들은 그리 만들고 싶지 않아서 참는다고 했다. 그 남성도 술만 들어가면 통제 불능이라 없는 살림에 술집마다 외상이고 카드를 마구 긁으니 그렇다는 것이다. 그래서 자기들이 생각하니 이대로 가면 언젠가는 죽을 수도 있겠다 싶고 사업 파트너이고 불쌍하기도 해서 부적이라도 쓰면 나을까 싶어 왔다는 것이다. 듣는 나는 기가 막히고 헛웃음이 나왔다.

				41		
丙	癸	丁	戊		壬	辛
辰	卯	巳	申 남자		戌	酉 大運

巳가 처성이고 戊는 처의 표출신이다. 戊癸합하여 死地인 申으로 끌어들이고 巳가 나의 의지처인 申을 형살에 겁살까지 가하고

I. 부부 해로하기 어려운 사주

있다. 이 사람의 처는 남편만 보면 죽일 듯이 미워지는 것이다. 악처를 만나는 사주다.

戊로 종한다고 보면 戊가 일간대행이고 癸는 처다. 처인 癸를 합하여 내가 깔고 있는 申으로 끌어들이니 처의 입장에서 보면 死地다. 正格으로 보면 내가 死地로 간다. 서로가 서로에게 고통을 주는 사주다.

천간으로 합하고 지지로도 卯申 암합을 하니 쉽게 헤어지지도 못한다.

酉대운 - 体인 戊에서 보면 死地이고 丁亥년에는 戊의 絶地이다. 癸가 合死하는 것을 巳가 막고 있는데 亥가 巳를 치니 合死가 일어난다. 간신히 목숨을 건졌다. 그 장면을 목격한 어린 아들이 경찰에 신고하여 경찰이 왔는데 찔린 것이 아니고 자신의 실수로 그리 되었다며 경찰을 돌려보냈다는 것이다.

壬대운도 戊의 절신이 발동하는 운이라 위험하다. 그 후 몇 번 더 찔렸다는 소식을 들었다. 그래도 아직은 해로하고 있다고 한다. 죽지도 않고…….

正格으로 보면 申이 모친이고 戊를 体로 보면 巳가 모친이다. 어느 쪽으로 보아도 겁살에 형살이고 합거되니 모친이 단명하셨고 부친 덕도 없다.

癸亥대운에는 아주 위험하다. 생명의 위험이 스치기도 하고 돈을 아주 다 날릴 운이다. 아마 終命할 것 같다.

앞 사람 처의 사주

```
                    37
0  癸  丁  甲           癸
0  酉  卯  辰 여자       酉 大運
```

　身弱하여 일지의 편인에 의지하나 卯酉충으로 용신이 상처받고 수옥살까지 있으며 그것이 甲으로 발동되어 있다. 다혈질에 히스테리가 심한 사주다. 성질이 더럽다. 말도 함부로 한다.

　甲이 卯 양인을 깔고 있으니 입에 칼 달린 형상이고 甲이 손이 되기도 하니 손에도 칼 달린 형상이다. 이런 사람들은 차라리 도살업이나 푸줏간 또는 횟집을 운영하는 것이 낫다. 어쩌면 전생에 武士였는지도 모르지.

　일지 酉와 육합하는 辰이 남편성이다. 남편성이 미약하고 백호살에 걸려 있으며 가뜩이나 약한 일간 癸를 입고시키고 용신인 酉를 入墓시키니 남편 복이 없고 남편이 원수 같다. 아니 모든 남자가 다 혐오스럽다. 만나는 남자마다 나를 괴롭히니 남성 혐오증이 있다고 볼 수 있다.

　배우자궁인 일지 酉가 남편인 辰에서 보면 死地다. 내가 죽이지 않더라도 남편이 단명할 것이다. 나와 헤어지면 면할지 모르나 辰酉로 합하여 헤어지기도 쉽지 않다. 서로 죽이려고 노리는 형국이고 서로 죽지 않으려고 애쓰는 형국이다. 참으로 기구한 운명이다.

卯가 서로의 入庫와 入墓를 막고 있는데 酉대운이 오자 卯가 冲去되어 서로 입고와 입묘가 된다. 丁亥년에 그런 일이 일어났는데 亥는 남편인 戌에서 보면 절지이나 辰酉의 합으로 絶命은 막은 것 같다.

상관이 왕하고 천간에 발동하니 거침없는 언행이고 독설에 험구다. 무법자 기질이 강하다.

					56	16	
庚	庚	己	己		乙	辛	
辰	戌	巳	丑	여자	亥	未	大運

신왕하고 괴강일주이며 時에서 또 괴강이 치고 있다. 日時에 辰戌의 충이 있으면 부부운이 좋지 않다. 관성인 巳는 巳丑으로 사그라지고 일지의 戌은 冲받으니 과부 사주다.

合神인 乙을 남편으로 볼 수도 있다. 乙은 일지 戌에 入墓하니 더욱 확실한 과부 사주다. 乙은 쟁합하고 있어 남편이 바람둥이고 무능력하고 성질도 나쁘며 돈이나 깨 먹는다. 시집 애로도 심할 것이다.

未대운은 未가 丑을 쳐서 巳가 살아나고 戌을 쳐서 입묘를 막으니 결혼운이고 乙대운 乙酉년에 乙의 쟁합이 심하고 乙이 絶地에 이르며 세운지 酉는 관성인 巳의 死地라 남편이 죽었다.

水가 필요한 사주라 목욕관리사다.

```
庚 壬 庚 辛
子 辰 子 卯 여자
```

양인격? 종강격? 종왕격? 운하격······. 아무튼 從하는 사주이고 설기하는 卯가 용신이다. 地支로 오는 火운과 土운이 가장 나쁘다.

辰土가 설기가 심하고 물을 흐리게 하니 남편 덕이 없고 해로하기가 어렵다. 辰은 약하고 편관이라 夫星으로 보기 어렵고 일지의 乙과 합하는 庚이 남편성이고 辛도 마찬가지다. 더구나 卯는 자식이고 庚이 자식과도 합하니 더욱 확실하다.

辛庚庚 이렇게 있어서 내가 물었다.

"세 번 결혼할 팔잔데 맞습니까?"

"아닌데예······."

"그러면 세 번은 아니더라도 적어도 한 번은 이혼했을 텐데요?"

"아닌데예······."

다음에 이 여성이 또 왔다. 내가 또 물었다. 세 번 갔느냐고. 그랬더니 그제야 맞는다고 했다. 이상한 성격도 다 있네. 바른 말을 해야 상담이 잘 되지.

辛이 첫 남편이다. 자식인 卯 위에 있으니까. 絶地에 앉아 성적으로 허약한 남편이리라. 2남 1녀를 낳은 후 헤어졌느냐니까 그 작은 눈이 갑자기 커졌다. 卯 중 乙은 아들이고 일지의 乙도 아들이고 년지의 甲은 딸이라고 봤다. 아니면 卯는 남편궁에 같이 있으니 甲이든 乙이든 아들이라고 보고 일지의 卯는 나와 同柱에 있어 딸이라고 봐도 될 것 같다.

庚은 그 후에 만나 동거하거나 결혼했던 남자들이고 모두 死地에 앉고 뿌리가 없어 이별했다.

음습한 사주에 양인살이 많으니 이중적이고 기질이 강하며 도화상관인 卯로 설기하니 성욕이 강할 것이다. 물어보면 또 아니라고 할 것이다. 도화상관으로 水를 설기해야 하고 용신이니 노래주점을 오랫동안 하고 있다. 자식이 특출하지는 않다. 庚辛에 눌려 發身하지는 못하나 자식들과의 인연은 괜찮은 편이다. 자식은 남편과 있고 자식들과는 자주 만나고 뒷바라지도 해주고 있다.

水氣가 왕하고 음습한 사주라 피부가 검푸르다.

					52			
壬	甲	癸	戊		丁	戊	己	
申	午	亥	戌	여자	巳	午	未	大運

년지 속의 辛이 남편이고 戊는 그 표출신이다. 일지와 午戌로 합하고 戌 중에 丁 자식성이 있어 첫 남편이라고 봤다. 午 중 己

土는 재혼 남편이거나 애인이다. 일간인 甲이 戊를 극하려는 것을 癸가 戊와 합하여 말리고 있다. 戊癸의 합이 깨어지면 부부 이별이다. 戊는 癸로 인해 合絶하니 남편이 여자에게 푹 빠지든가 아니면 사별할 수도 있다.

申을 남편성으로 보더라도 申에서 나온 壬이 기신이니 이래저래 남편 애로가 많은 사주다.

己未대운에 己未가 癸亥를 극하니 戊癸합이 깨어지고 戌未刑으로 남편궁이 흔들리니 남편과 사별했다.

午가 희신이라 식당업을 하며 아들이 하나 있다. 자식 덕은 있을 것이다.

午대운 - 일지가 動하고 도화홍염이 발동되니 재혼이 하고 싶어 안달이 났다. 재혼하지 않는 것이 더 낫다고 했더니 화를 냈다. 午午 자형으로 재혼해도 고통이 따를 것이다. 해로하지 못한다.

丁대운 - 丁은 나의 표출신이고 남편의 표출신인 壬과 합하니 동거나 재혼이 일어날 것이다. 壬은 인수성이니 남자가 자상하기는 해도 별 능력이 없을 것이다. 壬은 기신이고 초겨울 나무에게 강물은 도무지 쓸모가 없으니까.

				50						
壬	辛	辛	丙		甲	乙	丙	丁	戊	己
辰	未	卯	申 여자		申	酉	戌	亥	子	丑 大運

丙은 자매인 辛의 남편이고 자식인 壬과 합하는 내 일지 속의 丁이 내 남편이다.

　壬은 辛을 깨끗하게 씻어 빛이 나게 해주니 하나 있는 딸에 대한 애착이 남다르다. 丁에서 壬이 정관이니 딸이다.

　원래의 관성인 丙을 남편으로 보더라도 쟁합으로 약해지고 壬이 노리고 있어 부부궁이 나쁘다. 부부 교사였다.

　丁대운 - 일지에서 남편인 丁이 숫자 時干의 壬이 合去해 버렸다. 丁은 亥위에 있어 약하고 時干의 상관은 대운지 亥에서 힘을 얻어 너무나 쉽게 合去되어 버렸다. 물이 불을 극할 때는 추락사가 잘 일어난다. 물은 하강하는 성질이 있고 불은 상승하기 때문이다. 남편이 자기 아파트에서 추락사했다. 비가 장대같이 내리는 어느 여름날 4층인 자기 집 문이 안 열리자 옆집 베란다를 통해서 들어오려다가 미끄러져서 그만 30대 초반 불귀의 객이 되었다. 그때 집안에는 이 여성이 딸을 안고 잠이 들어 버려 벨소리를 듣지 못한 것이다. 그래서 육십이 다된 지금까지 수절하고 있다.

　성격 - 辛이 壬을 보니 구슬을 물로 씻는 격이라 아주 깔끔하다. 귀문살이 있어 대단히 예민하고 약간 모가 난 성격이다. 직선적이다.

　傷官이 왕하니 직장 생활에 적응이 덜되고 항상 자영업 하기를 희망하고 있다가 일찍 명퇴하고 학원업을 하여 돈을 좀 모았다. 상관이 왕하니 입이 튀어나오고 뻐드렁니다.

　어린 시절부터 백발이라 염색을 하고 다녔다. 무白은 아주 나쁘다고 한다. 자신은 발달할지언정 가족의 안위는 보장할 수 없다고 한다.

			37		
甲 乙 壬 丁				丙 乙	
申 卯 子 未 여자				辰 卯 大運	

申이 남편성이고 월간의 壬은 그 표출신이다. 자식인 丁이 태어난 후 壬은 합거된다. 일지 卯는 남편의 표출신인 壬의 사지이며 甲과 乙은 死神이 발동된 것이기도 하다. 卯대운에 과부가 되었다. 子卯 음형살도 있다.

丙대운이 오자 겨울 난초가 꽃을 피우려고 한다. 꽃을 피워서 그 향기로 뭇사람의 시선을 끌고 싶다. 丙은 상관이라 성욕의 분출이다. 身强하고 귀문살이 있어 성욕이 강하고 섹스에 소질이 있다. 丁으로 분출시키고 싶다. 壬으로 묶이니 체면 때문에 참고 산다. 인수는 체면이다.

丙대운 丙戌년이 오자 丙이 겹치고 卯戌의 합이 일어나 재혼을 못해 안달이 났다. 재혼하지 않는 것이 더 낫겠다고 했더니 마구 성질을 부렸다. 辰대운이 오면 申子辰으로 3합하여 申이 사그라진다. 丁巳대운에도 巳申형이 일어나니 불화나 이별수라서 그리 말했는데 전혀 귀담아듣지 않았다. 그 후로 발길을 끊고 나타나지 않는다. 단단히 삐친 모양이다.

申은 유부남이니 앞으로 그런 사람들과 자주 합정하게 될 것이나 길게 가는 인연은 없을 것이다. 재혼하지 않고 연애나 하는 것이 나을 것이다.

					52		
庚	丁	丁	丁		癸	壬	
戌	未	未	酉	여자	丑	子	大運

燥土不生金이라 염상격 사주다. 戌未형으로 뿌리가 뽑혀 庚은 酉에 착근하지 못한다.

일지 속의 乙과 합하는 庚이 남편이고 염상격에는 庚이 기신이라 애물 남편이다. 丁이 많아 바람둥이고 돈이나 축내는 몹쓸 남편이다. 戌未형살까지 가세하니 이별할 남편이다. 子대운 초 子가 庚의 死地라 이혼했다.

財가 군비쟁재되니 금전적인 인덕이 없다. 뜯어가는 사람이 많다. 丁이 未에서 올라오니 모친과 형제가 뜯어가고 남편이 뜯어간다.

庚이 용신이고 남편이며 돈이고 나의 생명줄인데 군비쟁재되니 불길하다.

상관생재니 영업 계통이고 庚이 돈이라 철강업체의 영업 사원이다. 未 중 乙이 편인이라 두뇌 회전이 빠르고 영악하다. 火가 왕하고 戌로 설기해야 하니 활동적이고 언변이 대단하다. 다혈질이다.

잘 벌고 잘 샌다. 한 해에 수억 원씩 벌었던 적도 있지만 어디론가 새나간다. 대단한 능력이다.

子대운 - 庚의 死地이고 일간의 祿地이다. 남편과 이혼했고 돈이 샜다. 壬子대운은 丁壬합으로 남은 丁들이 난동하여 庚을 더욱 극하는 불길한 운이다. 부부 이별과 손재, 그리고 나의 생명의 위험이 있는 운이다.

子대운 甲申년에 기신이 더 강해지고 甲庚충이 일어나 이 여성이 폐암 수술을 받았다. 丙戌년에는 戌未형으로 일지 자궁을 치고 火庫가 터져 자궁 적출 수술이 있었다. 동업자와 크게 갈등이 일어나는 운이다. 그것이 관재로 연결되었다. 그해에 죽었는지 지금은 소식이 없다.

				47			
辛	庚	辛	乙		丙	乙	甲
巳	午	巳	巳 여자		戌	酉	申 大運

火로 종할 것 같으나 庚일간이 巳에서 장생을 얻고 巳가 많으니 완전히 종할 수도 없다. 신약하고 화가 많으니 남편 애로가 있다. 남편의 성격 때문에 많은 고통을 받고 있다.

남편이 토끼띠인가 물었더니 맞는다고 했다. 乙은 일간의 합신이니 남편으로 볼 수 있고 乙이 無根하니 祿이 되는 토끼띠가 배필이다. 癸卯생이다. 甲대운 27세에 결혼했다. 甲이 辛을 쳐서 乙庚

합이 일어났기 때문이다.

  아들만 둘이라고 했더니 맞는다고 했다. 辛은 乙에서 보면 아들이다. 아들 낳은 후 불화가 더욱 극심해졌다고 했더니 맞는다고 했다. 乙에서 보면 아들은 편관칠살이기 때문이다.

  申대운에 변동사가 생겨서 그 후에 많이 발전했다고 했더니 맞는다고 했다. 申은 庚에서 건록이고 새로운 일이 시작되는 경우가 많다. 신약사주에 祿이 들어오니 크게 발전했다. 남편이 치과 의사인데 그 당시 해운대에서 개업하여 지금도 돈을 많이 번다고 했다.

  식상으로 制殺하고 싶어도 물이 없다. 물은 예술이나 교육 계통이니 이 여성은 화가이고 대학에서 강의를 나가는데 교수가 되고자 하나 뜻대로 잘 되지 않고 있다.

  재성이 남편이라 남편을 고르는 기준은 돈이나 능력 위주다.

  남편은 가족이나 타인을 가리지 않고 신경질을 부려대며 상대방을 안절부절못하게 하는 성격이라고 한다. 乙이 많은 불에 타며 辛의 극을 받기 때문이다.

그 남편의 사주

壬	癸	壬	癸		戊	己	庚	辛
子	丑	戌	卯 남자		午	未	申	酉 大運

39

  잡기재관격 사주이고 丑이 열쇠이다. 초년 金운에는 부모덕이 없고 환경이 좋지 못해 성격이 더욱 비뚤어졌다. 丑戌형까지 있어 신경질이 히스테리 수준이다.

戌 중에 戊土가 일간과 합신이니 처자식이 된다. 처자식 복이 있는 사주다. 결혼 후 크게 발전했다. 부부궁에 刑殺이 있어 부부 불화가 잦고 아들들과도 사이가 좋지 못하다. 온 가족이 고통 받고 있다. 병원의 간호사들도 배겨내지를 못하고 이내 나가버린다고 했다.

戌이 卯戌의 합으로 약해지고 丑戌형을 받는 것이 흠이다.

늦가을에 비 내리는 형상이고 사주가 음습한 편인데 己未 대운부터 좋아졌다. 제습하고 비겁을 견제해주기 때문이다. 戊午대운에는 더욱 발전하고 있다.

丁巳대운에는 군비쟁재가 일어나니 금전운이 주춤하고 부부 불화가 극심해져서 이혼 운운할 일이 생길 것이다. 丁은 戌에서 올라온 처의 기운이다.

					55					
癸	壬	甲	庚		庚	己	戊	丁	丙	乙
卯	辰	申	寅	남자	寅	丑	子	亥	戌	酉 大運

신왕하다. 食神은 부서지고 卯는 습목이라 설기가 시원치 않다. 식상이 生財로 연결이 안 되니 답답한 인생 여정이다. 火가 없어 음습하다.

괴강일주라 아주 총명하고 일지에서 겁재가 솟아 지기 싫은 기질이 강하다. 자존심 강하고 직선적인 성품이다. 식상으로 설기하자니 부지런하고 활동적이나 노력에 비해 결실이 미미하다. 자부심과 자만심이 강하고 예민하다. 신강하고 귀문살이 있으니 성욕이 강하고 섹스에 소질이 있다.

日支에서 겁재가 투출하면 어릴 때 부친과 이별하는 수가 많고 부부운이 좋지 못하다. 寅 중의 丙이 부친인데 寅申충으로 허공에 떠 있는 상태라 항상 壬癸수가 노리고 있다.

丙은 처라 역시 이별운이다. 불화가 심했고 오랫동안 별거 중이라 독신으로 있으며 처의 요청에 의해 재결합을 고려하는 중이다. 월간의 甲은 처의 표출신이고 己丑년에 합거되니 그때부터 별거했다.

癸가 누이인데 일지에 入庫하며 일간의 死地인 卯에 있고 卯는 甲으로 사신 발동하여 누나가 일찍 죽었다.

酉대운 - 丙의 死地이고 겁살이 발동하며 년간의 庚이 강해져 寅申충이 유발되고 壬癸가 극하니 부친과 사별했다.

丙대운 - 두뇌가 명석하여 공부를 잘했으나 또 寅申충이 일어나 대학에 가지 못하는 진로 장애가 있었다.

굽히기 싫은 성격이라 직장 생활은 짧고 사업을 하나 己丑 戊子 庚대운까지 힘든 생활이다. 더욱 신왕해지는 운이고 식상이 합거되거나 寅申충으로 여전히 좋지 않은 운이고 재물운도 나쁘다. 부부운도 좋지 않다.

다 부서진 식신이라 기관지의 질병이 심하다. 식신은 호흡기나 기관지, 갑상선 쪽이며 여성에게는 자궁이나 유방이다.

```
                          27
  辛 乙 戊 壬           癸 甲 乙 丙
  巳 巳 申 辰 여자      卯 辰 巳 午 大運
```

乙巳일에 또 관성이 투간했으며 관살이 혼잡되었다. 자세히 살펴보자. 월지의 申은 辰 중의 乙과 암합하니 형제의 남편이다.

나의 남편은 일지 巳 중의 庚이다. 자식성 속에 있어 더 확실할 것 같다. 申을 남편으로 보더라도 申辰水局으로 인해 떠내려가는 남편이다. 이래저래 부부궁에 문제가 많다.

巳申으로 합해 있지만 巳申의 합이 풀리는 날에는 巳申刑殺이 발동된다. 巳대운에 합이 풀리니 형살이 발동되어 남편과 사별했다.

아들만 둘이다. 巳 중에 庚이 있으니 아들이다.

이 여성의 부친은 바람둥이였다. 부친인 戊에서 보면 壬癸水가 많다. 모친인 壬은 괴강주에 앉아 아주 강강한 성품이고 원래 魁强인 여성은 남편 애로가 많은 법이다.

財星인 戊가 역마 巳에서 투간했고 巳巳로 쌍나팔이라 보험설계사다.

辰대운 - 辰辰自刑되고 水가 왕해져 土가 떠내려가니 금전 손실이 컸다.

```
                    23
辛 乙 己 庚         乙 丙
巳 未 卯 戌 여자    亥 子  大運
```

관살이 혼잡되고 남편인 庚과 간합하고 地支로는 刑殺이라 합이 좋지 못하다. 辛이 옆에서 바짝 극하고 있어 부부궁이 좋지 못하다. 시지 巳 중에 庚이 또 있다. 남편궁인 庚戌은 월주인 己卯와 합하며 유정한 관계다. 내 남편이 다른 여자와 합하는 형국이다. 戌未刑이 일어날 것을 卯가 말리고 있지만 卯가 합충되는 운에는 戌未형이 일어난다.

巳는 庚의 장생지라 庚과의 사이에서 낳은 딸이다. 일주와도 합하고 庚의 장생지기도 하니 이혼 후 둘 사이를 오가며 양육되고 있다.

丙대운 - 丙辛합으로 편관이 제거되어 사주가 맑아지니 연애 결혼했다.

子대운 - 庚의 死地가 되고 일지와 원진이 되며 子가 卯를 형하여 戌未형을 유발시키니 이혼이 일어나고 같은 시기에 자매도 부부 풍파가 심했다. 卯는 자매이기도 하다.

```
                    31
乙 戊 乙 壬         辛 壬
卯 戌 巳 子 여자    丑 寅  大運
```

건록인 巳는 공망이 되고 水木이 왕하니 남편 애로가 있다. 일지가 乙의 墓가 된다. 戊戌 괴강일주이기도 하다.

관성이 둘이라 재혼지명이다. 월간의 乙이 첫 남편이다. 뿌리가 멀고 일지 戌에 入墓되니 인연이 좋지 못하다.

寅대운에 일지와 합하여 결혼했으나 처음부터 불화가 심하고 이혼 운운하며 살아왔다.

丑대운에 丑戌형으로 卯戌의 합이 깨어져 사별했다. 戊子년 庚申월 어느 새벽에 뺑소니차에 치어 급사했다. 얼마 후 ㄱ대학 학생이 자수했다. 戊子년은 乙의 墓神인 戌이 발동되는 해다.

丁亥년에 왔을 때 필자는 죽는다고는 생각지 못하고 戊子년에 이혼할 것 같다고 했는데 뜻밖에 죽었다고 해서 깜짝 놀라고 마음이 아팠다. 辛丑대운은 년주와 1급 소용돌이가 돌고 상관운이라 乙을 자른다.

남편 초상을 치르고 오는 길이라면서 친정 모친과 함께 들렀다. 모친이 자기 딸이 언제 재혼하겠느냐고 물었다. 내가 좋게 나무랐지만 분별력이 좀 부족한 그 모친은 사위를 화장하고 바로 오는 길인데 그것부터 물었다. 巳戌 귀문살이 있으니 모녀가 다 신경이 예민하고 판단력이 흐리다. 巳는 모친이다. 공망 맞은 모친이라 모친 애로가 있다.

巳 중의 庚이 자식인데 공망 속에 있고 戌 중의 辛은 卯戌의 合에 의해 녹아 못쓰는 金이라 무자식이다.

보상금도 시부모가 다 차지하고 빚투성이인 작은 아파트만 하나 받았다. 이 여성이 단골인데 올 때마다 자신의 재혼 시기를 묻고 간다. 죽은 사람만 억울하다.

죽은 남편의 사주

				43	
丙	戊	辛	辛	丙	丁
辰	戌	卯	丑 남자	戌	亥 大運

신왕하여 卯가 용신이나 辛에 눌리고 戌에 입묘되어 쓸모없는 용신이다.

丙대운에 丙辛의 쟁합이 일어나 하나 남은 辛이 난동한다.

戊子년에 辰戌의 충이 유발되어 卯戌의 합이 일어나고 子卯로 음형까지 한다. 불귀의 객이 되었다. 다음 生에는 좋은 처를 만나시길.

				43					
辛	乙	癸	乙	己	戊	丁	丙	乙	甲
巳	酉	未	巳 여자	丑	子	亥	戌	酉	申 大運

관살이 혼잡되고 년월주에 2급 소용돌이가 돌고 있다.

년지 속의 庚이 첫 남편이고 시지에도 있으니 재혼지명이다. 巳

가 좌우합신하니 이 집 저 집 자식 낳거나 키우는 사주이다.

丙대운에는 丙이 巳 남편궁에서 솟아 결혼했다. 1남 1녀를 두었다.

戌대운에 巳가 입고되고 귀문원진이 발동하니 대운말 32세와 33세 사이에 이혼했다.

亥대운이 오자 巳가 하나 제거되어 남편궁이 맑아져 38세에 재혼하고 이내 딸을 하나 낳았다.

재혼 남편의 사주

庚 辛 戊 癸
寅 丑 午 卯 남자

寅은 부친이고 寅과 합하는 일지의 己는 모친이다. 월간의 戊가 寅에 뿌리 두고 있어 부친과 인연이 있으니 부친의 첫 부인이다.

나 또한 재혼지명이다. 日와 時에 1급 소용돌이가 돌고 있다. 시지의 寅은 일간과 명암합하니 내 처고 년지의 卯는 나의 표출신 癸가 타고 있어 그 또한 내 처다.

卯가 첫 부인이고 그 사이에 두 딸이 있고 후처인 寅과도 딸 하나를 낳았다. 첫 부인은 편재고 일간과의 합이 좋지 않지만 후처와는 해로할 것이다. 천을귀인이 있고 寅 중의 丙과 명암합하기 때문이다. 丙이 나 辛을 빛내줄 여성이라고 믿고 있을 것이다. 寅은

庚이 타고 있어 과거 있는 처이거나 바람기 있는 처다.

```
               53
乙 己 辛 乙         戊 丁 丙 乙 甲 癸 壬
丑 丑 巳 未 여자    子 亥 戌 酉 申 未 午 大運
```

신왕하나 乙이 용신되기는 어렵다. 乙은 사막의 선인장 같고 庫藏地 위에 있어 힘이 없다. 더구나 일지에서 솟은 辛이 극하고 있으며 일주와 년주는 서로 天冲地冲하고 있다.

자식 생긴 후 불화가 더 심하고 情이 멀어진다. 辛은 死地에 놓여 있고 無根하나 巳丑으로 합하여 강해지니 辛을 용신으로 할 수 있다.

메마른 사막이고 일지가 자갈밭이라 남편인 乙이 뿌리내리기 어렵다. 편관인 乙이 일주를 극하는 것은 辛巳가 말리고 있다. 辛은 일지에서 올라갔으니 딸이고 丑丑이 있어 딸만 둘이다. 자식 때문에 참고 살지만 辛巳가 合冲되는 운에는 이별수가 따르게 된다.

비겁이 왕하고 물이 절대 부족하니 남편인 乙은 물을 찾는다. 주색을 밝힌다. 결국은 남편바람으로 인해 이혼했다.

乙은 조토와 자갈밭에서 자랄 수가 없어 물을 찾아 나서니 남편은 선원이다. 남편이 배를 타는 바람에 그럭저럭 부부 인연이 지속되었지만 丙대운에 丙辛합으로 乙이 바로 일간을 극한다. 時干의 乙까지 가세해서.

丙대운 庚辰년에 庚이 乙과 합하니 나머지 乙이 난동을 부린다. 그해 이혼했다. 辛이 용신이고 나의 표출신이라 딸들을 목숨같이 여긴다. 성격이 거칠지만 자식 사랑은 끝이 없다. 자식은 이 여성이 양육한다.

신강하니 고집이 세다. 소 같은 고집이 있다. 火氣도 강하니 불같이 급한 성격이다. 乙이 극하는 것을 막자니 辛이 필요하고 원래 식신은 고운 입이지만 이런 경우에는 독설과 험구, 험담이 심하다. 말도 거칠고 성질도 거칠다. 지는 것은 죽어도 싫다.

丑丑으로 돈을 고장지에 깔고 앉으니 아주 야물고 돈에 집착한다. 돈이 생기면 바로 은행으로 달려간다. 저축심이 강하다. 丑丑이라 겸업을 한 적도 있고 항상 겸업을 꿈꾼다. 보험설계사를 하면서 원룸을 운영한 적도 있다. 너무 힘에 부쳐서 갑상선이 나빠졌다. 丑이 영기가 강한 동물이라 이 여성도 예감이 아주 발달되어 있고 미신을 좋아한다. 약간의 신기가 있는 것 같을 때도 있다.

초년 火대운에는 더욱 신왕해지는 운이라 부모덕이 없고 언니네 집에서 식모살이를 하면서 어렵게 여상을 졸업했다. 그 당시에 성격이 많이 비뚤어진 것 같았다.

乙酉대운초에 보험회사에 나갔고 酉대운에는 2억이나 되는 돈을 모았다.

丁대운 - 용신인 辛이 극되니 손재와 질병이 따랐다. 펀드로 인해 많은 손실이 있었다. 丁이 未 남편궁에서 올라오니 남자 친구로 인해 마음의 상처가 심했다. 未에서 올라오니 초등학교 동기생이다.

亥대운 - 巳가 사위인데 巳亥충이 일어나니 딸의 혼사 문제로 인한 애로가 있을 것이고 결혼 초기에는 갈등이 있을 것이다. 亥未로 합하여 沖을 완화시키니 그나마 다행이다.

戊子 己丑 대운에 큰돈은 없어도 편한 생활이 될 것이다.

```
                        21
丙 丙 壬 戊              己
申 午 戌 午  여자         未  大運
```

신왕하다. 戌 중의 辛이 남편이다. 午戌로 합하고 있어 녹아내리고 있으며 지지에 숨어서 전전긍긍하고 있다. 透干되면 즉시 合去된다.

午戌로 합하고 있는 壬을 남편으로 봐도 위험하기는 마찬가지다. 白虎에 걸려 있고 戊의 극을 받으며 旺火에 증발되고 있는 적수오건의 물이다.

남편성이 있는 월주와 일주는 서로 4급의 세찬 소용돌이를 일으키고 있다. 이혼보다는 死別인 쪽이다.

未대운에 戌未刑으로 辛이 솟아 일간과 합하니 결혼했으나 旺火에 합거되어 결혼 직후 남편과 사별했다. 남편은 癸丑생인데 癸는 時干의 丙을 잡아주어 좋지만 丑이 문제다.

				26		
丁	甲	乙	癸	辛	壬	
卯	子	丑	丑 남자	酉	戌	大運

　신강한 겨울나무라 설기와 조후가 필요하다. 丁이 용신이나 미약하고 癸가 病이다. 丑이 있으나 겨울의 언 자갈밭이라 부부운이 좋지 못하다. 丑이 둘이니 재혼지명이다. 癸는 처의 표출신이고 겨울의 눈보라를 일으키며 기신이니 처복이 부족하다. 재혼해도 해로는 어려울 것이다.

　丑 중의 辛은 첫 부인이 낳은 딸이다. 재혼한 부인과도 딸 하나를 두게 될 것이다. 년지는 첫 아내고 월지는 재혼으로 만나는 처이다.

　戌대운 초에 결혼했다. 丑을 쳐서 하나를 없애주니 처궁이 맑아져서 결혼했는데 戌대운말에 이별했다. 戌대운은 처궁을 차례대로 치고 용신인 丁을 입고시키니 3년도 못 살고 이혼했다.

　도화살인 子와 卯가 모두 발동되어 바람기가 다소 있다. 용신인 丁이 기술성의 별이라 철도공사의 기술직 사원이다.

앞 남성의 재혼 부인

				24		
癸	戊	庚	丙	丙	丁	
亥	戌	寅	辰 여자	戌	亥	大運

辰 중의 乙이 첫 남편이다. 戊戌 괴강주에 辰戌의 충이 있으며 戊癸로 합하여 절지로 가니 부부운이 나쁘다. 辰戌의 충을 寅이 막고 있는데 亥대운이 들자 辰戌충이 일어나 29세에 이혼했다.

丙대운 - 寅에서 올라오니 결혼운이다. 庚寅년에 앞 남성과 재혼했다.

43

癸	戊	丁	己		壬	辛	庚	己	戊
丑	申	卯	亥 여자		申	未	午	巳	辰 大運

卯가 남편이고 일간과 합하는 癸도 남편이다. 재혼지명이니 남편 이별 후 재혼하거나 애인을 두는 팔자다.

일간이 남편인 癸를 合死시킨다. 일지 申은 癸의 死地이다. 평소에도 불화가 심하여 이혼했는데 이혼 후 남편이 죽고 말았다. 자식까지 낳으며 살았던 부부들은 이혼했다고 그 인연이 완전히 끊어지는 것은 아닌 것 같다. 이런 일들은 자주 있다.

己는 형제성인데 合神인 木이 木局을 형성하고 있어 형제 중에 재혼 삼혼을 한 사람들이 있다. 약한 己가 木局의 극을 받아 죽은 형제도 있다.

辛대운에 불화가 극심했고 未대운은 丑未충으로 戊癸의 합이 깨어지고 亥卯未 木局을 형성하여 남편으로 인한 애로가 극심해져 이혼했다. 申대운 庚寅년에 이혼한 남편이 죽었다. 癸의 死神이 발동한 것이다.

```
丙 乙 丙 己        壬 辛 庚 己 戊
子 亥 寅 亥 여자   申 未 午 巳 辰 大運
```

곡직인수격에 丙이 용신이다. 흐르는 운도 火운이라 아주 그럴듯해 보인다. 丙은 寅에서 올라왔는데 寅亥합으로 인해 寅 중의 戊와 丙은 그 기운이 끊긴다. 따라서 丙도 헛불이다.

년월주에 3급 소용돌이가 있어 극심한 풍파가 있었음을 짐작할 수 있다. 아직 겨울의 한기가 남아 있는데 약한 태양이 乙木을 제대로 키울 수 없다. 그래도 약하나마 氣가 전달되니 과외를 해서 연명해간다.

관성인 金이 없어 합신인 寅이 남편이고 寅의 표출신 丙이 둘이라 재혼지명인데 丙이 몹시 약하니 재혼도 실패로 끝났다. 만날 때는 그럴듯한 남편들이었는데 결혼만 하면 무기력해진다. 재혼했던 남편과는 두 번씩이나 이혼을 했고 세 번째 재결합을 했으나 같이 살지도 않고 가끔 집에 들러 돈이나 뜯어가려고 한다. 이 여성에게 戊戌생 애인이 있다. 火로 설기를 해야 하나 약하니 자꾸 남자를 밝힌다. 성욕이 강하다.

첫 결혼에서 아들 하나 딸 하나를 낳았다. 亥는 일주에 있어 딸이고 子는 남편 표출신 丙 아래 있어 아들이다.

재혼 남편의 사주

辛	壬	己	壬		乙	甲	癸	壬	辛	庚	
丑	戌	酉	寅	남자	卯	寅	丑	子	亥	戌	大運

寅 중 丙이 첫 부인이다. 일지의 辛과 암합하고 있다. 寅 중의 戊와 월간의 己는 그녀와의 소생인 1남 1녀다. 寅 중의 丙이라 봄 처녀고 아주 어린 여자를 만났다. 그러나 부부궁이 刑받았고 酉가 寅을 겁살하고 월지 酉는 丙의 死地라 이혼했다.

일지의 丁은 늦가을 여자라 연상녀이고 재혼한 부인인데 불화가 더욱 심해서 두 번이나 이혼했다가 세 번째 재결합한 상태다. 丁이 일간과 명암합하고 있어 불화가 극심하면서도 이별이 쉽지는 않다. 戌 중에 같이 있는 戊가 丑 중의 癸와 암합하고 있어 과거가 있는 여성이며 양다리를 걸친 형상이라 나 몰래 애인을 두고 있다. 財官이 쓸모없고 대운이 나빠 평생 不發이다.

44

丁	丙	甲	乙		戊	己	庚	辛	壬	癸	
酉	午	申	巳	남자	寅	卯	辰	巳	午	未	大運

신왕하니 申酉가 용신이나 火金이 상쟁하는 것이 흠이고 통관해 줄 土가 없어 허약한 金이다. 직업운이 부실하다. 역마살이 중중하니 차를 타고 다니며 영업을 한다.

일지에서 겁재가 솟고 丙午 일주에 丁酉시를 만나면 재취 장가간다는 추명가 구절도 있다. 정편재가 혼잡되니 바람이 심하고 그로 인해 이혼했다.

印星도 혼잡되어 있다. 申이 부친인데 합하는 乙이 나의 모친이다. 巳申 형살을 받고 乙이 無根하여 부모가 이별했다. 甲은 계모이고 그 슬하에서 자랐다. 모친인 乙이 巳 중의 庚과 합하여 년지의 巳를 낳았으니 씨 다른 형제다.

인성이 혼잡되니 조부가 둘인 형상이라 지지에 깔린 土가 조모인데 土에서 보면 甲乙이 남편이라 조모가 재혼하셨다.

본인도 양방에 갓 걸 사주라 庚대운부터 바람이 잦았다. 酉는 애인인데 丁이 타고 있어 유부녀나 바람기 많은 여자이다. 이 남성은 청과물 상회의 영업직 사원인데 경리를 보는 처녀와 바람이 났다. 酉가 애인이라 그 처녀는 예쁘장하고 色氣가 강하다. 戊寅년에 寅申충으로 申이 튕겨져 나가니 이혼했다.

이혼한 전처의 사주

辛	己	庚	甲		甲	乙	丙	丁	戊	己	
未	亥	午	辰	여자	子	丑	寅	卯	辰	巳	大運

亥가 부친이고 월지와 未 중의 丁이 모친이니 부친이 재혼하셨다. 亥未로 합하니 시지의 丁이 모친이라 후처 소생이다. 년지의 戊, 월지의 己가 이복형제들이다. 배다른 오빠와 언니가 하나씩 있다.

甲이 남편인데 지지에 다른 土가 많고 명암합이 심하다. 남편 바람으로 이혼했다.

```
                              49
丁 庚 辛 乙              丁 丙 乙 甲
亥 午 巳 未 여자         亥 戌 酉 申 大運
```

합神인 乙을 남편으로 볼 수도 있고 나의 표출신이자 일간을 대행하는 丁과 합하는 亥를 남편으로 볼 수도 있다. 둘 다 참고해야 한다.

乙未생 남편이다. 辛이 乙庚의 합을 막고 있어 남편이 바람둥이다. 亥를 남편으로 봐도 巳午未 방합으로 남편에게 여자가 많은 형국이다.

종관격 사주고 官이 나의 표출신이라 남편에게 집착한다. 종관격 사주는 남편을 번성시키니 남편이 자수성가했다. 남편인 丁에서는 庚辛이 돈이라 申酉 대운 중에 재산이 불어났다.

합신인 乙이 돈이니 가축 사료 공장을 하고 있다. 종격의 사주는 종하기 전과 후의 상황을 다 살펴야 한다.

己	壬	庚	丙		甲	乙	丙	丁	戊	己
酉	寅	子	午 여자		午	未	申	酉	戌	亥 大運

丙은 부친이고 庚은 酉에서 올라온 모친의 표출신인데 극이 심하고 庚이 死地에 앉아 내 나이 10세 전에 부모가 이혼하고 각기 재혼하셨다.

寅 중의 丙은 모친의 재혼 남편이다. 의붓아버지 슬하에서 성장했다. 모친은 재혼 생활이 지속되고 있지만 부친은 그러하지 못하다. 庚은 모친의 표출신이기도 하지만 부친의 애인이나 재혼녀인데 역시 극을 받고 설기가 심하며 死地에 앉아 유지되기 어렵다.

午 중의 己는 나의 표출신 아래에 있고 일지와도 합하고 있어 첫 남편인데 子午충으로 그 인연이 끊겨 나 역시 이혼했다. 時干의 己는 재혼 남편인데 원진살과 겁살에 놓이고 일지가 己의 死地라 또 이혼했다.

양인격 사주라 부친 덕이 없고 일찍 생이별했다. 아직 살아계시다. 신왕하니 식상생재로 가야 하나 子가 막고 있어 생재로 연결이 잘 되지 않아 평생 돈과 남편에 허덕여야 하는 팔자가 되었다. 입으로 먹고살아야 하니 백화점 점원이다. 실적이 부진하여 힘든 세월이다.

행인지 불행인지 아직 자식은 없다.

양인격에 신왕하니 성질이 강하고 색정도 강하다. 편인이 솟아 잔머리를 잘 굴린다. 편인에 子午충까지 있어 다혈질이며 언행이 제멋대로다. 안하무인이다.

이마가 좁고 奸門이 푹 꺼지니 초년운과 부부운이 나쁘다. 이마가 나쁘면 초년의 부모덕이 부족하고 진로 장애가 생기며 간문이 쑥 들어가면 부부운이 나빠 불화나 이별이 잘 일어난다. 간문이란 눈꼬리와 광대뼈 사이의 부분이다.

치아도 울퉁불퉁한 겹니였다. 치아가 심하게 겹치면 열에 칠팔은 부부 이별하거나 독신이다. 치아도 부부운을 보는 자리 중의 하나다.

턱은 제비턱이었다. 턱 아래 부분에 홈이 파진 것처럼 갈라져 있었다. 이 턱 역시 부친이나 본인이 재혼하거나 심한 바람을 피우는 형상이다.

```
                    28
 壬 癸 丁 壬        壬 癸 甲
 戌 亥 未 子 여자    寅 卯 辰 大運
```

신왕하니 戌이 용신이다. 亥未로 편관이 제거되니 사주가 맑아져서 얼핏 보면 좋아 보이나 戌에서 올라간 丁이 壬에게 합거되니 불길한 명조다. 일지에서 올라간 두 개의 壬은 나의 표출신이고 자매들이라 남자 형제가 없고 언니만 둘이다.

未는 첫 남편이고 戌은 재혼 남편이거나 유부남 애인으로 볼 수 있다. 未는 亥未로 자식궁과 합하니 남편이라고 보고 丁은 남편의 표출신이고 합하고 있는 년간의 壬은 나의 표출신이다.

丁이 壬에 의해 합거되고 子未로 원진하여 좋은 합은 아니다. 일간은 丁의 편관칠살이라 결혼 후 오래지 않아 부부 이별할 상이다.

辰대운에 辰戌의 충으로 부부궁이 깨어지고 丁의 뿌리 하나가 상실되며 일지와는 戌亥 천문살이 드니 남편이 급사했다. 辰戌충으로 戌 중의 辛이 丁에게 극이 되니 모친도 충격으로 인해 심한 갑상샘 질병에 걸렸다.

딸만 하나 있고 이 여성은 학습지 교사로 어렵게 살아가고 있다. 亥未木局이 生財하니 영업이나 교육업 계통이다.

					27	
壬	癸	己	辛		壬	
戌	丑	亥	丑	여자	寅	大運

극히 신강하다. 火가 없어 음습하다. 관살이 혼잡되었다. 己는 水局 위에 있어 떠내려가니 도움이 안 되고 물만 흐릴 뿐이다.

戌은 溫土이고 높은 山이라 물에 떠내려가지 않고 물을 막아줄 수 있고 온기도 있어 戌이 용신이다. 그러나 丑戌형으로 인해 용신도 受傷이 되었다.

자식인 亥 중의 甲과 합하는 己가 첫 남편인데 때 아닌 초겨울 홍수에 떠내려가고 丑戌형으로 뿌리가 상실되어 이별할 남편이다. 일주와 시주가 모두 백호살이고 충받아 이혼보다는 死別이 잘 일어난다.

시지의 戌은 壬 아래 있어 유부남이나 과거가 있는 남자다. 戌 중에 있는 丁火로 몸을 녹여야 하니 호프집을 하면서 남자들을 사귀고 돈을 조금씩 얻어 쓰며 살아가고 있다. 애인을 두어도 길게 지속되지 못한다. 丑戌형으로 한 순간의 인연으로 그치고 만다.

초겨울 찬물로 넘치니 溫土이자 山인 戌이 필요하다. 북쪽이나 큰 물가에서 떠 내려와 부산에 뿌리를 내리는 형국이라 산청의 경호 강가 언덕배기에서 태어났다. 부산으로 시집을 왔으나 30대 중반의 젊은 나이에 혼자되었다. 아들이 하나 있다. 亥 중의 甲이 남편인 己와 同柱에 있어 아들이다.

壬寅대운 - 상관대운이고 대운간 壬은 己와 좋지 못한 관계이고 범람하는 강물이다. 寅대운 乙亥년이 되니 상관인 대운지 寅은 더욱 강해지고 세운간 乙은 약한 己를 극하여 남편이 차 사고로 횡사했다.

위 여성의 친구 사주

癸 甲 乙 庚
酉 寅 酉 子 여자

신약하나 乙과 寅이 있고 癸가 생조하니 종할 수도 없다. 관살이 혼잡되고 원진살과 겁살이 이중으로 있어 역시 순탄치 못한 삶이고 평생 돈과 남자로 인해 허덕여야 하는 팔자가 되었다. 일지 건록이 있으나 이 역시 허약하고 丙도 제살이 안 된다. 평생 내 힘으로 먹고살아야 한다. 믿고 기댈 만한 곳이 없다.

첫 남편인 庚과는 아들딸을 하나씩 낳은 후 이혼했다. 庚이 乙과 합하니 남편 바람과 무능력으로 인해 헤어졌다. 재혼했으나 역시 실패로 끝났다.

미약한 역마 寅 중의 丙火로 먹고살거나 술 단지인 癸酉로 生을 받고자 하니 화장품 영업을 하다가 결국 술집을 차렸으나 이 역시 시원하지 못하다. 애인이 있지만 아무런 도움이 되지 않는다.

원진살과 겁살이 겹치고 庚금의 극이 잦으니 성질이 고약하고 제멋대로다. 예의가 없다. 모가 난 성격이다. 그래서 더 고독하다. 미약한 丙으로 制殺해보려 해도 입만 더욱 거칠어질 뿐이다. 식신은 원래 고운 입이지만 이런 유형의 사주에서는 아주 더러운 입이다.

壬	乙	壬	丁		丙	
午	丑	子	未	여자	辰	大運

辛은 입고되고 편관이라 六合하는 子를 남편성으로 본다. 子에서 올라간 壬이 두 개라 재혼지명이다. 월간의 壬이 자식인 丁

과 간합하고 있어 첫 남편이다. 辰대운에 남편이 바람이 나서 이혼을 요구해왔다.

```
丁 戊 壬 丙
巳 子 辰 辰 여자
```

　신왕하다. 財도 왕한 편이나 비겁을 잡아 줄 官이나 土水 간의 교쟁을 통관시켜 줄 식상도 없어 빈천한 사주다. 金이 필요하니 영업 계통인 백화점 점원이다.
　辰 중의 乙이 남편성인데 유부남이다. 辰 속에 있으니까. 辰辰 自刑으로 부부운이 나쁘다. 노처녀인데 꼭 유부남만 붙고 자신도 거기에 끌린다.
　壬은 부친이고 丙은 부친의 전처인데 辰辰자형으로 이별했다. 나는 후처 소생이다. 이복형제가 넷인데 그중 하나가 죽었다. 自刑으로 土가 물에 떠내려가니까.
　신왕하니 고집이 세고 辰辰자형에 지라살까지 겹쳐 고약한 성품이다. 폭발적이고 기갈이 세다. 판단력도 좀 흐리다.

```
                        30
丙 己 丁 壬           癸 甲 乙
子 亥 未 子 여자      卯 辰 巳 大運
```

일지에서 올라간 壬은 나의 표출신이다. 丁과 합하고 또 丙이 있어 재혼지명이다. 丁壬으로 합하고 지지로는 원진살이다.

甲乙은 자식이다. 未 속의 乙은 남편인 丁과 同柱에 있어 아들이고 亥 속의 甲은 원래의 일지에 있어 딸이다. 첫 결혼에서 아들 하나, 딸 하나 낳았다.

바로 보더라도 지지에 甲乙이 있고 亥未로 합하여 관살이 혼잡하니 재혼지명이다.

乙대운에 乙이 未 관성에서 올라와 결혼했고 甲대운에 남편의 표출신인 己를 합거하니 이혼했다. 첫 남편은 庚戌생이고 재혼 남편은 甲寅생이다. 연하남을 만나 PC방을 운영하며 살고 있다. 庚寅년에 딸을 임신할 운이다. 寅이 壬에서 보면 식신이고 일지와 합하기 때문이다.

丙丁은 재물인데 辰대운과 癸대운에 금전 애로가 생길 것이다.

				55					
甲	戊	己	辛		丙	乙	甲	癸	壬	辛
寅	辰	亥	卯 여자		午	巳	辰	卯	寅	丑 大運

木이 태왕하다. 辰은 목국으로 뿌리가 되지 못한다. 己도 무근하여 일간에 도움이 되지 못하니 종살격이 되었다. 甲이 체라고 볼 수 있다. 겨울이라 해가 떠야 좋은데 不透하고 土가 약해 불미한

명조다.

甲 중의 미약한 불로 통기하고 종살격이라 초등 교사다. 甲인 체가 강하니 성격은 내유외강하고 고집에 세다. 귀문살이 있어 예민하다. 건록에 놓이니 교과서적이고 양심적이며 총명하고 착실하다.

甲과 합하는 己가 남편인데 己亥라 술꾼이고 지지의 木과 암합이 심하니 바람둥이다. 己남편에서 보면 亥 또한 처성이고 亥卯로 합하니 다른 여자와 바람을 피워 그 사이에서 아들 하나, 딸 하나를 낳았다. 그 바람에 이혼을 했다. 남편에서 보면 亥 중의 甲이 첩과의 사이에서 낳은 아들이고 년지의 卯는 딸이다. 己는 무근하고 약하니 의지가 약하고 별 능력 없는 남편이며 바람이 나기 전에도 불화가 심했었다.

甲寅은 이 여성이 낳은 딸이고 辰 중의 乙은 아들이다. 남편인 己에서 보면 木이 자식성인데 좌우 명암합하고 木局을 이루니 배 다른 자식을 두게 되었다. 甲寅은 희신인 丙을 품고 있어 딸이 대단히 영특하여 서울의 유명 의대를 나오고 삼성병원 肝 이식 파트에서 일하고 있는 의사다. 辰중의 乙은 아들인데 濕木이라 별 두각을 보이지 않고 있다. 귀문살에 걸리니 소심하고 예민하며 의지가 약한 마마보이다.

甲대운- 甲이 동하여 己를 합거하니 남편이 이혼을 요구해서 이혼을 하게 되었다. 자식은 이 여성이 양육하고 있다. 자식들은 자기들에게 이복형제가 생긴 줄을 모르고 있다.

辰대운- 딸을 공부시키느라 금전 애로가 심했다.

					46	
戊	庚	丙	己		辛	
寅	午	寅	亥	여자	未	大運

火局으로 인해 庚이 녹아내리니 丙으로 종할 수밖에 없다. 戊己土는 조토라 生金이 안 된다. 종살격이고 丙이 일간대행이 된다.

己는 아들이고 戊는 딸이다. 甲子생 아들과 丙寅생 딸이 있다. 남편은 辛丑생이고 남편과 사별 후 만난 애인도 辛丑생이다. 辛은 丙의 合神이다.

丙에서 보면 亥가 남편성이다. 자식인 己와 명암합을 하고 있다. 그러나 亥는 寅을 만나 破가 되니 이별할 남편이다. 辛대운 丁亥년 사별했는데 辛대운의 辛은 丙의 합신이라 남편성이다. 丙에 합거되고 丁亥년의 丁은 대운간 辛을 거듭 극한다. 丁亥년의 亥는 사주원국의 亥를 動하게 하여 破가 되니 부부 이별한 것이다.

아들의 사주

丁	庚	丙	甲	
亥	午	寅	子	남자

역시 종살격에 丙이 일간대행이 된다. 寅은 모친이고 장생지라

모친을 많이 닮았다. 甲은 나와 모친의 표출신이다. 부친은 庚인데 無根하고 丙丁의 극이 심해 단명이다. 丁이 여동생이다.

  가족 중에 누군가가 일간대행이나 從格 또는 化格 등 正格 사주가 아닌 경우에 나머지 가족들도 대부분 종격이나 화격 등의 사주를 지닌 경우가 많다. 특히 부부 간에는 더욱 그러하고 그렇지 않을 때는 해로하지 못하거나 고통이 심한 경우를 많이 보았다.

```
                         49
甲 己 癸 壬            丁 戊 己 庚 辛 壬
子 巳 卯 寅 여자        酉 戌 亥 子 丑 寅 大運
```

범띠 2월 27일 正子時

  추명가에 보면 戊己 일주가 년월에 壬癸를 보면 두 시어머니에 절하는 상이라고 적혀 있다. 본인이 재혼하거나 시어머니가 두 분이라는 뜻도 되지만 주로 해로 못하는 경우를 이르는 것 같다. 이 여성은 재혼하지는 않았고 시어머니가 두 분이시다. 甲子시를 만나 일주와 유정하게 천간지합하니 부부유정하고 해로하고 있다. 종관격 사주니 결혼 후 남편이 많이 호전되고 내조도 잘 하지만 이 여성은 결혼 후 질병이 잦다. 종살이나 종관격 사주의 특성이다.

  종관격 사주이고 甲이 체가 된다. 종하면 신강해지는데 설기를 해주는 巳가 일지에 있어 사주가 맑아졌고 배우자 덕이 무난하다. 巳 중의 戊가 부친인데 壬癸가 있어 친정부친이 작첩하셨다. 년지와 일지의 丙은 자식인데 寅 중의 丙은 나의 뿌리가 있어 딸이고 원래의 일지 丙은 남편인 己와 同柱에 있어 아들이다.

사주에 土가 약해 재물운이 약하다. 죽으라고 아끼고 노력해도 돈이 모이지 않는다. 戊戌대운에는 재물운이 보다 호전될 것이다.

酉대운에는 왕신이 충극되니 불길하다. 旺木에 金이 튕겨나가니 남편이 위험하다. 甲이 체가 되면 酉金은 남편성이기 때문이다.

48

甲	戊	癸	壬		戊	己	庚	辛	壬	
子	辰	丑	寅	여자	戌	亥	子	丑	寅	大運

토끼띠 1월 1일 夜子時

신약하나 종할 수는 없다. 寅 중의 丙도 있고 辰과 丑에 미약하나마 뿌리가 있기 때문이다.

일간과 합하는 癸가 남편성이고 壬이 또 있으니 재혼지명이다. 時干의 甲을 남편으로 볼 수도 있다. 이래저래 재혼할 팔자다.

앞의 사주와는 달리 木을 설기해 줄 불도 약하고 편관칠살인 甲이 바짝 옆에서 치니 남편 애로가 많은 사주다. 丑대운에 결혼했다가 庚대운에 이혼하고 己대운에 재혼하여 비교적 원만하게 살아가지만 시집 애로가 많다. 시모님은 한 분이시다.

　丑대운 - 子丑으로 남편성이 있는 시주와 합하고 일간의 천을귀인이라 비교적 조혼을 했다.

　庚대운 - 남편성인 甲을 치니 불화 끝에 이혼했다.

　己대운 - 일간의 病인 편관칠살 甲을 합거하니 재혼했다.

```
                        35
己 丁 辛 丁           甲 乙 丙 丁 戊 己 庚
酉 未 亥 亥 남자      辰 巳 午 未 申 酉 戌  大運
```

　辛은 부친인데 설기가 심하고 일지에서 올라간 丁과 일간의 극을 받아 나 태어난 후 6개월 만에 별세했다. 辛은 부친의 피부나 호흡기인데 丁의 극을 받아 흠집이 막 난다. 부친이 피부암으로 돌아가셨다.

　종살격 사주라 초년 金운에는 부친 유산 덕에 큰 고생 없이 성장했다. 丁대운부터 시작되는 火운은 종격에 역하는 운이라 되는 일이 없고 조금 있던 돈도 사업하다가 다 날리고 후처 덕에 살아가게 되었다.

　辛은 첫 아내이기도 한데 亥亥인 자식 둘을 낳은 후 丁의 극을 받아 처가 바람이 나서 이별했다. 丁대운 초에 바람이 나서 未대운 43살 丁卯년 말에 처가 가출하고 이내 이혼했다.

丁대운 - 가뜩이나 약한 辛이 3개의 丁에 의해 극되니 처가 바람이 나서 집안이 시끄럽고 돈이 새나간다. 처가 탕진했다.

未대운 - 일지가 동하고 홍염살이 발동하여 戊辰년에 재혼했다.

丙대운 - 약한 辛이 합거되고 대운지 午가 酉를 쳐서 또 이혼했다. 백수였던 이 남성이 바람을 피워서 이별했다.

巳대운 - 巳 중에 庚이 있고 시지 酉와 합하니 또 여자를 꼬여서 동거하며 여자가 간병인이 되어 벌어오는 몇 푼의 돈을 빨아먹으며 살아가고 있다. 巳亥충이 일어나 자식이 갑자기 사시가 되어 백수로 방안에만 누워 있다. 巳는 자식인 亥에서 보면 불이니 눈이다.

재다신약한 사주이기도 해서 한없이 인색하고 사람을 이용하려고 든다. 도화 홍염이 다 발동한 사주라 아주 끼가 많고 노년에는 춤으로 여자를 유혹하고 그 돈을 갈취하는 제비족 신세가 되었다. 친구를 만나 차라도 한 잔 사게 되면 실제로 복통이 일어난다고 하니 참 불쌍한 인생이다.

未 중의 乙이 생모이고 亥 중의 甲은 부친의 전처들이니 내 모친이 세 번째 여자다. 모친은 부친의 씨받이로 들어가 나를 낳았다. 부친과 모친은 서른 살 정도 차이가 난다. 부친은 재산이 넉넉했으나 내가 다 털어먹었다. 총각 때 사업하다가 다 깨먹고 직장에 다니면서 꽤 돈을 모았는데 丁대운에 처가 바람이 나면서부터 돈이 새기 시작하여 역행하는 火운에서 알거지가 되었다.

丁은 배다른 누이이고 세 배에서 낳은 누이만 다섯이다. 火는 2

I. 부부 해로하기 어려운 사주

7이라 총각 때 충청도에서 배다른 형이라면서 중년의 남자가 찾아왔다고 하니 결국 형제는 모두 7남매다. 부친은 충청도에서 아들이 태어난 줄도 모르고 돌아가셨다. 부친도 천하의 바람둥이다.

시골(귀의 바로 옆에 있는 뼈)에서 턱으로 내려가는 선이 심한 V라인이다. 하관이 좁다. 이마 쪽은 넓고 턱으로 내려갈수록 쪽 빠졌다. 그래서 초년에는 부친을 이별하기는 해도 먹고사는 데 큰 지장이 없고 크게 풍족했던 시절도 있었지만 이런 유형의 관상은 51세부터 주변에서 사람들이 사라지고 운세도 기운다는 상이다. 그래도 자식 하나 똑똑한 것이 있어 고독은 면해준다고는 하지만 아들이 애물단지다. 딸은 무난하다.

				25				
壬	戊	戊	庚		甲	乙	丙	丁
子	申	子	午	여자	申	酉	戌	亥	大運

- 범람하는 물에 흙이 떠내려간다. 子午충으로 일간이 무근해지니 종재격이다. 일지에서 솟은 壬이 일간대행이 된다. 양인이 많아 기질이 강하고 악착스러운 생활력을 가지고 있다. 청상에 과부되어 평생 수절했다.

- 体인 壬이 명암합하는 午 중의 丁이 남편이다. 子午충으로 불

이 꺼지니 일찍 이별한다. 戌대운 23살에 결혼했다가 酉대운 32살에 과부가 되었다. 酉는 午 중의 丙에게 사지가 되고 물을 더 왕하게 한다. 丙은 丁과 같이 있으니 남편의 기운이다. 물속에서 山이 솟으니 남해 사람이다.

					24			
乙	癸	甲	甲		戊	己	庚	辛
卯	卯	戌	辰 여자		辰	巳	午	未 大運

일주무근하고 乙이 투간하여 종아격이 되었다. 그래서 무척 총명하고 영어에 능통하다. 무지하게 多辯이고 고집이 세다. 일간대행인 甲乙에서 보면 설기하고 통관시켜야 할 火가 절실하나 없다. 그러니 더욱 입이 발달할 수밖에 없다. 원래 없거나 부족한 것은 더 발달하는 법이다.

종아격 사주는 남편운이 불길한데 이 사주는 辰戌의 충으로 부부궁이 뚜렷하게 깨져 있다. 년월상의 충이니 일찍 이별한다. 未대운 초 29세에 이혼했다. 종하기 전은 辰 중의 戊가 남편이다. 딸인 乙이 辰 속에 있기 때문이다. 허약한 辰이라 남편이 무능했다.

辛대운 - 辛이 戌 남편궁에서 올라와 결혼하고 바로 미국으로 갔다.

卯戌로 합하는 월지 戌이 애인인데 늦가을의 남자라 20세 이상

연상인 교포 의사다. 고집이 세고 말수가 적은 영감이고 돈은 많지만 조금씩만 대준다.

고집이 세고 자기주장이 강하며 정서가 좀 불안하다. 일지에서 甲乙이 양쪽으로 투간해서 그렇다. 정신없이 떠들어댄다. 친정인 부산에 나올 때마다 들르는데 같이 앉아 있으면 나까지도 정신이 혼미해진다. 종아격 사주들은 대체로 다변이고 자기 자랑이 많은 편이다.

```
                    35
壬 壬 丙 甲        庚 辛 壬 癸
寅 辰 寅 寅 여자    申 酉 戌 亥 大運
```

壬은 木으로 木은 丙으로 가니 종재격이나 時干에 壬이 또 있고 辰에 미약한 뿌리가 있어 가종격이다. 丙을 체로 볼 수 있다. 丙에서 보면 壬이 둘이고 癸도 있으며 관성이 일지에 입고하니 부부운이 나쁘고 재혼지명이다.

癸亥대운 - 일지에서 올라오고 丙에서 보면 정관이라 26세에 결혼했으나 亥대운에 寅을 거듭 만난 亥가 破되어 이혼했다.

종재격에는 비겁이 기신이라 남동생에게 돈 대주다 크게 損財를 했다.

범이 세 마리라 시끄럽고 말이 많다. 木이 입이기도 하다. 범이

이 산 저 산을 뛰어다니니 활동적이나 土金이 약해 빈산이라 먹을 것이 적다. 종재격이니 돈에 대한 집착이 대단하다.

辛酉대운부터 재물이 불어날 것이다. 辛酉는 丙에서 보면 재물이다.

丙에서 寅이 모친이고 장생지라 모친을 쏙 빼닮았다. 용모단정하고 총명하다. 丙은 모친인 寅의 표출신이라 나와 동일하니 팔자도 닮아간다.

모친인 丙에서 보면 辰 중의 癸가 남편이니 나의 부친이고 남편이기도 하다. 癸가 입고되어 있어 무능하고 바람기 많은 부친이다. 사주에 丙이 많으니 부친의 애인이다.

癸도 있고 壬도 있어 모친은 남편 애로가 극심하고 시집 애로도 심했다. 이 여성의 모친 사주도 종아격이다.

32

辛	乙	丁	壬		壬	癸	甲	乙	丙
巳	巳	未	子 여자		寅	卯	辰	巳	午 大運

乙이 다 타서 火로 종할 수밖에 없다. 종아격 사주다. 종아격에는 壬子가 기신이다.

火局에서 홀로 투간하니 좋게 말하면 주관이 뚜렷하고 똑똑하다고 하겠고 나쁘게 말한다면 고집이 세고 제 잘난 맛에 산다고 하겠다. 丁에서 보면 乙이 편인이라 재치와 순발력이 있고 다혈질이고 계산적이다.

초년 火운과 甲대운에는 종격에 순응하는 운이라 부모덕에 잘 자랐고 공부도 뛰어나게 잘했다.

辰대운에는 壬이 입고되고 丁에서 상관운이라 결혼이 늦어지고 직업상 애로가 많았다. 인간관계도 불편한 시기다.

癸대운에 癸가 子 도화에서 올라오니 결혼했다. 그러나 癸가 丁에서 보면 편관이라 결혼과 동시에 불화가 극심했다. 대운초 32세에 결혼했다.

未가 딸이라 딸을 하나 낳았다. 丁壬으로 합하고 있으나 지지로는 원진살이고 변하기 전의 상황으로 보아도 乙巳일이 천간에 또 辛이 투간하여 해로하기 어렵다. 寅대운이 좋지 않다.

남편의 사주

					24				
壬	丙	乙	壬		庚	己	戊	丁	丙
辰	辰	巳	子	남자	戌	酉	申	未	午	大運

건록격 사주라 총명하다. 신약하여 壬이 病이다. 초년 火운에는 부모덕도 있고 공부도 잘했으나 戊申대운부터 巳祿이 기반되니 학원의 강사로 머물고 있다. 풀리지를 않는다.

申대운말 巳申이 합하여 결혼했으나 刑合이고 祿이 기반되는 운이라 좋지 못한 인연이다. 申子辰 水局으로 강물이 범람하여 더욱 신약하게 하니 불화가 극심하고 이혼 운운하는 세월이다. 직업운도 부실하다. 대운이 계속 나쁘니 전망이 밝지 못하다.

신약하고 壬의 극을 받으며 辰巳가 거듭 있으니 신경질이 심하고 성격이 고약하다. 모가 난 성격이다. 처에 대한 열등감과 자격지심이 이 남성을 더욱 힘들게 한다. 해로하지 못할 것이다. 酉대운이 나쁘다.

						32				
癸	乙	丙	乙		庚	辛	壬	癸	甲	乙
未	未	戌	卯 남자		辰	巳	午	未	申	酉 大運

戌未형으로 乙의 뿌리가 상했고 乙卯는 丙戌에 설기되고 입묘되어 無根하니 丙으로 종한다. 종아격인데 가종격이다. 丙을 体로 본다.

丙戌과 합하는 년주의 乙卯가 모친인데 유정하기는 하나 丙戌 백호에 入墓하는 터라 酉대운 어린 나이에 모친과 사별했다.

乙과 합하는 戌이 부친이다. 丙을 입고시키고 戌未형까지 있어 부친구실을 못하고 원수 같은 사이다. 일간에 또 乙이 있으니 부친은 여러 여자와 관계하나 붙어 있을 여자가 없다. 모친은 부친으로 인하여 많은 고통을 겪었고 그 때문에 病이 난 것이다. 卯가 戌에 입묘하기 때문이다.

종한 후는 丙戌이 체가 되는지라 나 태어난 후 7년 이내에 모친이 병들고 12살도 되기 전인 酉대운에 사별한 것이다.

辛酉대운 - 종격에 역하는 불길한 대운이라 형과 둘이서 온갖 고생을 하며 어렵게 자랐고 고학으로 부산의 ㄷ대학을 간신히 졸업하고 방송국에 아나운서로 취직을 했다.

상관으로 종하는 사주라 그런지 언변이 좋고 음성도 좋고 어학에도 소질이 있다. 그때까지 서울서 자란 적이 없는데 서울말을 쓰는 것이 신기했다. 그 후 7급 공무원 시험에 합격하여 직업이 바뀌었다.

가종격 사주는 부모를 이별하는 경우가 많고 다소 이중적인 면이 있다. 장인이 사업을 하는데 큰돈이 없다. 많은 덕을 볼 것이라고 생각했던 것 같다.

戌 중의 辛이 합신이라 처로 본다. 辛酉생 처와 오랫동안 연애하고 결혼했으나 결혼하자 바로 심한 갈등이 생겼고 지금도 갈등 속에 살고 있다. 卯戌로 합을 하면 戌 중의 辛은 녹아내린다. 그렇게 사랑하던 처가 못마땅하고 처에 대한 불만이 끝이 없다. 辛酉생은 乙卯를 쳐서 완전히 종하게 해주는 좋은 인연이다. 그리고 丙의 合神이다.

필자의 오랜 단골손님의 사위인데 연애할 때부터 필자가 결혼을 반대했지만 장모가 이 사위를 좋아해서 결혼시켰는데 이제 와서 후회를 많이 한다. 乙卯가 기신이라 하나 있는 형도 애물단지고 재혼했으며(土가 많다) 종한 후에는 乙卯가 모친이라 일찍 이별한 것이다.

火운인 未대운부터 發身했다. 巳대운까지 좋은 세월이 될 것이다. 辛巳대운부터 바람이 날 것이다. 부부 불화는 더 극심해지고 황혼 이혼할 수도 있다.

				29				
丙	乙	丙	壬		壬	癸	甲	乙
戌	未	午	子		寅	卯	辰	巳 大運

신약하고 壬子는 丙午에 막혀 일간을 도울 수 없어 丙으로 종하니 종아격 사주고 壬子는 오히려 病이 된다.

丙午는 언니이고 총명하고 기질이 강하다. 壬子는 형부로 볼 수 있다. 시간의 丙이 체가 된다. 戌未형으로 乙이 입고하는 것을 막아주고 있기 때문이다.

나의 남편은 戌 중의 辛이다. 합신이고 체인 丙에서 보면 자식성인 戌 중에 있기 때문이다. 백호에 걸리고 刑받으니 좋은 인연은 아니다.

戌未형으로 부부궁이 흔들리고 년월주에 1급 소용돌이까지 있어 남편 애로가 많은 사주며 남편성이 시주에 있어 만혼했다. 辰대운에는 辰戌의 충으로 결혼이 늦어졌고 월간의 丙을 없애주고 체가 되는 丙의 남편성인 癸대운에 만혼했다.

戌未형으로 자궁이 파열되는 형상이라 난산이나 수술이 있는 사주다. 癸卯 대운 乙酉년과 丙戌년 사이 임신 출산에 따른 애로가 있을 것을 예언하고 제왕절개로 출산할 것을 권유했으나 고집부리며 자연분만 하다가 자궁 파열이 일어나 죽다가 살아났고 자궁 적출을 하는 바람에 더는 임신할 수 없게 되었다.

약한 乙이 강한 丙으로 변했으니 여린 듯 강인하고 고집이 무척 세다.

壬寅대운 - 시주와 4급 소용돌이가 도니 잠재하고 있는 1급까지 같이 일어나 풍파가 예견된다.

己丑년에는 丙에서 보면 상관운이고 丑戌未 3형이 일어나니 부부 갈등이 일어난다.

庚寅년에 庚이 원래의 관성인데 丙에 극되니 남편이 이혼을 요구해 왔다. 庚이 乙과 합하니 남편에게 여자가 생겼다.

辛卯년에는 辛이 戌에서 올라온 남편의 표출신인데 丙에 합거되니 이혼이 일어나든지 극심한 불화가 생길 것이다.

壬辰년에도 丙戌 시주와 天地冲하니 넘기기가 어려울 것이다.

앞 여성의 남편 사주

丙	辛	戊	庚		癸	壬	辛	庚	己
申	酉	寅	戌	남자	未	午	巳	辰	卯 大運

신왕하니 비겁을 잡아줄 丙이 용신이다. 寅戌이 合火하니 얼핏 보면 좋은 사주로 보인다. 丙은 자식이기도 하고 寅에서 올라온 처의 표출신이기도 하다. 일주가 丙을 合死시키고 酉는 寅을 겁살하고 있으며 원진살이고 寅申의 충이 일어나는 것을 酉가 보류하고 있다.

寅과 戌 사이에 협공된 午는 寅 중 甲의 死地이기도 하다. 부부궁이 매우 불길하다.

丙의 건록이 되는 巳대운에 결혼했다. 丙은 처의 표출신이다. 寅巳申 3형이 일어나는 巳대운 乙酉년과 丙戌년에 처가 죽을 뻔했다.

壬대운이 오자 壬이 丙을 극하니 처자식이 다 보기 싫어진다. 戌가 壬을 막으니 자기 모친이 이혼을 극구 반대하며 아들을 설득시키려 한다. 헤어진다면 자식은 처가 데리고 갈 것이다. 자식인 丙도 나의 일주가 合死시킨다. 자식에게 무책임한 아비가 되든지 자식이 제대로 자랄 수 없게 된다.

					30		
癸	丁	甲	壬		丁	丙	
卯	卯	辰	子	남자	未	午	大運

變格사주다. 火土傷官에서 丁壬合化木格으로 변했다. 이런 사주 유형은 결혼 후 성격이 확 달라지는 경우가 많다. 壬이 합신이라 배우자인데 丁壬으로 합하기 전에는 화토상관격 사주의 성향

이 강하고 결혼 후에는 확실하게 丁壬합을 하게 되어 성격이나 운명이 달라지는 것을 많이 보았다.

　일지에서 솟은 甲이 체가 되는 일간대행격이다. 甲이 체가 되면 土가 처성인데 土가 약해 처궁이 부실하고 종하기 전으로 보면 金이 없어 합신인 壬을 처로 본다. 壬子에서 솟은 癸가 또 있으니 재혼지명이다. 癸는 일간이자 용신인 丁을 치니 기신이다. 재혼하면 더 악처가 걸릴 것이다.

　처음에 癸丑생 처를 만났는데 띠 궁합이 좋지 않다. 丑이 정재라 만난 것 같은데 癸가 丁을 극하니 악연으로 끝나고 말았다. 午대운에 子午충으로 처궁을 치니 극심한 불화 끝에 이혼하고 말았다. 다음에는 양띠를 만나면 좋을 듯하다. 未대운 己丑년에 재혼할 것 같다. 甲에서 보면 己 未 丑 등이 처다.

　성격 - 甲辰 백호가 체가 되고 木이 강하니 고집이 대단하다. 丁이 입이고 손인데 입과 손에 쌍칼이 달렸으니 독설과 험구가 예사다. 횟집 주방장이라 쌍칼을 휘두르는 직업이다.

```
壬 丁 癸 壬
寅 巳 卯 辰  여자
```

　관살혼잡되고 쟁합이 있어 세 번 결혼할 팔자라고 했더니 정말로 세 번 결혼했단다. 세 번째 남편과 해로하고 있으며 행복하다고 했다.

년월주에 기신이 많으니 부모형제 덕이 없고 초년운이 나쁘다. 친정 때문에 희생이 되었다고 한다. 재혼할 때 친정에 돈을 보태주려고 동거하여 자식을 하나 낳았는데 남편이 하도 심하게 구타하는 바람에 도망을 쳤다고 한다.

년간이 첫 남편이나 지지로 합이 나쁘고 지라살에 걸려 이별했다. 자식이 하나 있었다. 辰 중의 戊다.

월간이 재혼 남편이나 편관칠살이고 일간을 극하니 나를 마구 때린다. 일지 巳 중의 戊와 합하는 癸라 역시 자식을 하나 낳았으나 이별했다.

				41
己	癸	乙	己	庚
未	亥	亥	亥 여자	辰 大運

潤下格의 파격이다. 많은 물을 亥未로 합하여 설기시킴은 좋으나 천간의 두 己는 기신이다.

일지와 명암합하는 己가 남편이다. 己는 그 뿌리가 亥未로 배임하여 용신이 되지 못하고 乙에 극된다. 두 번이나 이혼했다. 만나는 남자마다 질이 좋지 못하다. 乙이 死地에 앉고 旺水에 떠내려가 자식은 없다.

辰대운에 물으러 왔다. 이혼을 한 두 번째 남편을 따라 베트남에 가서 일하는 것은 어떻겠느냐고. 내가 이렇게 대답했다고 한다.
"흙탕물이 뿌옇게 일어나 진흙탕에 구르게 될 것이오."

나의 만류를 뿌리치고 베트남으로 갔다. 水旺하니 고집이 세고 누구 말을 들을 성품이 아니다. 그 후 그 남자에게 여러 가지 업무상의 일로 고발을 당해 많은 곤욕을 치렀다. 서울의 검찰에 수시로 들랑거리며 무 혐의가 입증될 때까지 2년 넘도록 고생했다.

辰대운은 왕신이 입고하니 관재나 입원운이고 辰亥로 귀문 원진살이 구성되며 旺水에 역하는 불길한 운이기 때문이다.

木으로 설기하니 영어 회화에 능통하다.

```
                    32
癸 丁 乙 癸        庚 辛 壬
卯 未 卯 丑 남자   戌 亥 子 大運
```

癸가 자식성이고 같은 곳에 있는 丑 중의 辛이 처성이다. 癸는 자식이기도 하고 처의 표출신이기도 하다. 둘이라 재혼지명이다.

壬대운이 합신이 되는 운이라 연애하여 조혼했다. 丑未충으로 부부 이별할 것을 卯가 卯未로 합을 하여 유보시키고 있지만 未나 卯가 合沖되는 운에는 불화나 이별이 일어난다.

子대운 - 子卯음형으로 卯未합이 풀리고 丑未충이 일어나니 불화가 극심해졌다.

辛대운초에 이혼했다. 辛이 丑에서 투출되어 丁에 극되고 대운지 亥에 설기되어, 자식 둘을 낳았는데도 이별했다. 癸가 처의 표출신이고 癸丑백호에 놓이니 처의 성질이 대단하고 악처로 작용한다.

木局으로 木星이 강하고 투출되어 있으나 모두 乙卯로 같은 기운이라 모친은 한 분이시다. 모친 형제 중에 이복형제가 있는 것도 아니다.

편인격 사주고 金이 필요해서 자동차 정비 기술로 자영업을 하고 있다.

					36		
甲	乙	庚	丁		乙	丙	
申	丑	戌	未	남자	巳	午	大運

土金이 강하고 乙庚합으로 金이 秀氣되니 종관격이나 대운이 역행하여 되는 일이 없다.

丙午대운 - 시주와 2급 소용돌이가 되고 종관격에 역행하니 손재가 크고 부부 불화 극심하여 이혼설이 분분하다. 직업이 제대로 없다.

합신인 庚이 처라 庚戌생 처다. 처가 총명하나 지나치게 강강하다.

53

丁 癸 戊 丁　　　壬 癸 甲 乙
巳 酉 申 酉 남자　　寅 卯 辰 巳 大運

巳가 배임하여 종강격 사주가 되었다. 종강격에 丁은 기신이다. 시지의 巳가 처고 戊가 그 표출신이다. 년간의 丁이 전처고 시간의 丁이 후처다. 丁巳는 한 몸이다.

일반 정격으로 보더라도 丁巳는 허약하고 기반되어 있다. 뜬구름 같은 財官이다. 평생 돈과 처에 허덕이는 사주다. 일지가 戊의 死地라 자식도 생이별했다. 년월주에 1급, 일시주에 4급의 소용돌이가 있어 인생행로가 순탄치 않다.

巳대운에 재성이 일지와 합하니 결혼했으나 巳申형이고 일지가 巳의 死地라 결혼과 동시에 불화가 심했다. 巳 중에 戊가 있어 자식도 생겼다.

甲대운 - 甲이 처의 표출신이자 일간의 합신인 戊를 치니 처가 자식을 데리고 미국으로 도망을 쳤다. 하는 수 없이 처자식과 이별했다.

辰대운 - 辰酉로 합하여 오고 辰이 합신인 戊의 홍염지라 재혼했으나 역시 불화가 심하다.

卯대운 - 왕신을 충극하니 되는 일이 없다. 부동산업을 시작하나 풀리지 않고 생활의 어려움이 많다. 후처와 함께 하고 있다. 戊

가 巳에서 올라온 합신이라 후처의 표출신이고 戊가 官이라 맞벌이하나 돈은 벌어지지 않고 불화만 는다.

후처의 사주

癸 癸 辛 丙
亥 巳 卯 申 여자

이 여성도 역시 재혼했다. 丙이 첫 남편이나 합거되어 이혼하고 재혼했다. 일지의 巳 중 戊는 재혼 남편이다. 巳亥충이 있으나 일간과 합하니 해로할 것이다. 丙은 戊가 있는 남편궁에서 올라간 남편의 표출신이다.

뒷장에 이 여성과 꼭 같은 여자 사주가 있다. 그 여성도 첩이자 후처 사주이고 불화가 극심했지만 오랜 세월동안 돈은 넉넉했다. 만나는 배우자의 사주에 따라 재물운이 이렇게 많이 달라지는 모양이다.

					50					
己	己	庚	己		甲	乙	丙	丁	戊	己
巳	未	午	亥	남자	子	丑	寅	卯	辰	巳 大運

火局을 이루어 종강격이니 亥는 기신이고 갈증만 일으킨다. 초년 巳대운에 부친을 이별했다.

亥가 중발되고 감질 나는 물이라 부부운이 약하고 서너 번이나 이혼했다. 이별에 질리지도 않는지 자꾸 결혼한다. 목이 마르니까.

설기구인 己가 셋이나 되어 언변이 좋고 돈 버는 재주가 비상하다. 굽히기 싫어하는 체질이라 직장 생활은 짧고 자영업을 한다. 丁卯 丙寅 대운은 종격에 순응하는 운이라 큰돈을 벌었다.

子대운 - 종격에 역행하고 왕신을 충극하니 큰 손재나 부부 이별, 순환기 계통의 질병이나 중풍 등이 예상된다. 종명할 수도 있다.

```
庚 丙 己 乙        甲 癸 壬 辛 庚
子 寅 丑 巳 여자    午 巳 辰 卯 寅 大運
```

火土傷官 用印格 사주다. 寅이 용신이다. 초년 寅卯대운에 능력 있는 부친 덕에 잘 자랐다. 부친은 동광동에서 아주 유명했던 한의사이시다.

부친인 庚은 사에서 올라왔다. 寅이 장생지고 바로 일지에 있어 나의 모친이고 庚과 명암합하는 乙이 부친의 첫 부인이다. 乙은 자식이 없어 부친이 나의 모친과 재혼하셨다. 그래서 나는 후처 소생이다. 巳는 乙의 자식인데 巳丑으로 합거되었다.

남편성은 시지의 子로 볼 수도 있고 합신이 들어 있고 자식인 丑 중에 들어 있는 癸를 남편으로 볼 수도 있다. 巳를 못쓰게 하는 丑인지라 남편운이 좋지 못하다. 癸대운과 巳대운 사이인 己丑년 말 이혼했다. 년월주에 4급 소용돌이가 있어 부부궁이 더욱 나쁜데 己丑년에는 庚子와 1급을 일으킨다. 두 개의 소용돌이 속에 부부 이별했다.

37

| 丙 甲 乙 辛 | 己 戊 丁 丙 |
| 寅 辰 未 亥 여자 | 亥 戌 酉 申 大運 |

종왕격이고 신왕하니 丙이 용신이다. 마른 대지를 적셔주는 亥는 좋은 역할을 하나 三合으로 사라지고 백호인 일지에 입고되니 일찍 사별한 모친이다.

甲은 亥에서 올라왔으니 亥가 모친이고 일간은 모친의 표출신이다. 시지의 寅은 甲의 건록지고 뿌리인데 申대운에 그 뿌리가 상하고 申亥 육해살이 들어 모친과 사별했다. 申辰水局이 되어 이내 계모가 들어왔다.

乙은 오빠이고 未나 辰 중의 戊, 寅 중의 戊가 오빠의 처성인데 土가 모두 약하다. 未는 亥로 합하여 木이 되고 木局으로 인해 土星이 모두 木으로 변한다. 오빠도 이혼을 했다.

辛이 남편성이나 약해서 未를 남편으로 본다. 乙은 남편의 표출신인데 남동생 같은 남편이라 생일이 뒤인 동갑이니 연하남인 셈이다. 아내 같은 남편이고 합신이라 자상하고 사이가 좋지만 언젠가는 바람을 피우거나 이별할 수도 있는 남편이다.

乙이 남편의 표출신이나 겁재라서 돈이 안 되고 바람기가 있다고 본다. 未가 亥 중의 甲과 암합하고 있기 때문이다. 2급 소용돌이를 품고 있으니 앞으로 갈등이 잦을 것이다.

시주에 있는 두 개의 丙火는 일주와 같은 음양이라 딸이 둘이고 未 중의 丁은 남편인 未 속에 있어 아들이니 1남 2녀가 있다. 딸과는 갈등이 심하다. 2급 소용돌이 속에 있기 때문이다. 아들은 금쪽같이 여긴다.

未는 나의 재물인데 亥 중 甲과 암합하고 있고 사주에 비겁이 왕해 돈을 잘 떼이는 사주다. 현재도 미수금이 많이 쌓여 있다. 전직은 백화점 점원이다.

눈꼬리에서 머리카락이 나 있는 부분(광대뼈와 눈꼬리 사이)을 奸門이라고 하며 부부운을 보는 아주 중요한 자리다.

남녀 간에 이 자리가 푹 꺼졌거나 나이에 비해 유난히 주름이 많은 사람들은 대부분 부부 이별한 경우가 많거나 부부애로가 극심한 사람들이다. 멀쩡하게 넘어가는 경우는 거의 없다.

여자의 경우에는 이마도 부부운을 보는 아주 중요한 자리다. 이마가 반반하고 흠집이 없으며 거울같이 반짝거리면 질 좋은 남편을 만나게 된다.

이마의 넓이도 중요하다. 너무 넓거나 튀어나오면 좋지 않고 푹 꺼지고 이리저리 파이면 남편이 온전할 수가 없게 된다. 너무 좁은 이마는 남편을 출세시키지 못한다. 이마와 간문이 남편 운을 보는 자리다.

여성의 눈꼬리가 유난히 길면 자식이 현달하는 경우가 많다. 그러나 남편의 건강은 보장할 수가 없다. 눈이 호동그랗고 꼬리가 없으면 여성 자신이 단명하는 수가 많다. 왕년에 유명했던 여배우 남모 씨처럼.

```
乙 甲 壬 丁           丁 丙 乙 甲 癸
亥 子 子 未 여자      巳 辰 卯 寅 丑 大運
```

사주에 물이 넘치고 있다. 종강격이고 일지에서 올라간 壬이 체가 된다. 壬에서 보면 未가 남편이고 합신인 丁은 남편의 표출신이다. 강한 물에 丁이 합거되니 결혼 후 남편이 시시해 보이고 실제로 무기력해진다.

壬에서 丁은 돈이라 남편의 돈이나 능력을 위주로 결혼하는데 결혼 후에 남편이 무기력해지니 불화가 잦다.

丁이 년간에 있어 조혼했다. 寅대운 초 20살이 넘자마자 결혼했다. 丁이 합신이라 丁酉생인 나이 차가 많은 남편을 만났다.

甲은 浮木이라 뿌리를 내릴 흙이 필요하고 山처럼 강한 흙이라야 旺水를 막을 수 있다. 북쪽이나 해안가 출신이다. 四川이 고향이다. 흘러와서 부산에서 뿌리를 내렸다.

성질은 강하고 색정도 강하고 일과 시주에 1급 소용돌이가 있어 폭발적인 성격도 있다.

　乙이 남동생인데 뿌리가 없고 土도 떠내려가니 늦도록 미혼이고 1급 소용돌이 속에 있어 직업 운이 부실하다. 내가 돌보고 있다.

　壬은 모친이고 丁은 부친성인데 원진살에 걸리니 서로 불화가 극심했다. 모친의 성정은 강하고 부친은 무기력하다.

　辰대운- 왕신이 입고되고 辰이 흙탕물을 일으킨다. 辰은 남편성이다. 부부 불화가 극심하여 잠시 별거를 했다. 금전 애로도 극심했다. 土가 떠내려가니 돈이 떠내려간다.

　財가 합거되니 장사는 맞지 않고 未에 뿌리가 있어 직장에 다니는 여성이다.

```
                        41
乙 甲 甲 癸           庚 己 戊 丁 丙 乙
丑 辰 寅 卯  여자     申 未 午 巳 辰 卯  大運
```

　木局이 있고 木이 극히 강하니 丑은 용신이 되지 못한다. 木으로 종한다. 곡직인수격이든 종왕격이든 金을 기피한다. 寅 중의 丙은 조후가 되고 설기를 시키니 희신이나 火氣가 투간되지 못한 것이 흠이다.

　木이 森林을 이루고 있으니 투쟁적인 성품이다. 지기 싫은 기질이 강하고 고집이 세며 거만하고 남의 말을 잘 듣지 않는다. 土가 필요하나 없으니 돈에 대한 집착이나 투기성이 강하다.

丑 중의 辛이나 己가 남편성이고 년간의 癸는 그 투출신이다. 癸가 년간에 있어 비교적 조혼을 했다. 癸가 더욱 신왕하게 하니 초년에 남편 애로가 많았다.

봄비 맞은 春木이 꽃을 피우지 못하는 형상이고 火가 절대적으로 필요하다. 丁巳 戊午 대운에 보험설계사로 활동하여 상당한 돈을 모았으나 己未대운에 군비쟁재가 일어나고 丑未충이 일어나 재산을 거의 다 날리고 빚만 수북하다.

午대운 - 원래 신강하여 법이나 규범을 두려워하지 않는 성정인데 상관운이 오니 법을 두려워하지 않고 위법적인 행동을 하다 사기횡령 등으로 구치소에서 몇 달 있었고 전과가 생겼다. 午대운 壬午년의 일이다.

己未대운 - 설계사 일을 할 수 없자 병원 운영에 투자하여 큰 손재를 입고 시비와 관재가 끊일 날이 없으나 어쩔 수 없이 질질 끌어가고 있으나 언제 터질지 모르는 나날들이다. 타인의 재물도 이 여성이 많이 끌어다가 날려 버렸다. 남편의 퇴직금까지 미리 당겨서 썼기 때문에 앞날이 더욱 불안하다.

비겁이 왕하고 초년에 乙卯대운이라 두 살 때인 甲辰년에 부친과 사별했다. 모친은 재가하여 씨가 다른 형제들을 낳았다. 寅 중의 戊가 부친이고 년간의 癸는 부친의 첫 부인이다. 나의 모친은 부친의 후처로 왔다가 나를 낳은 후 바로 과부가 되고 이내 재가했다. 그래서 씨가 다른 형제도 있고 배다른 형제도 있다. 그래서 모친이 모두 세 분이다.

寅 중의 丙은 딸이고 여기에서 솟은 甲이 둘이라 딸만 둘이다.

위 여성의 남편사주

				54					
丁	丙	甲	戊		庚	己	戊	丁	丙 乙
酉	子	子	戌 男자		午	巳	辰	卯	寅 丑 大運

浮木인 甲이 용신이니 좋은 사주는 아니다. 水가 病이니 식신인 戊戌로 막아야 한다. 처음에는 기술직이었으나 직업 전환을 하여 교육행정직 공무원이 되었다. 식신은 기술직으로 보기도 하고 교육업으로 보기도 한다.

시지의 酉는 남의 처나 돈이다. 내 처는 희신인 戌 중의 辛이다. 시지의 酉를 처성으로 참고할 수도 있다. 酉는 천을귀인에 놓여있어 상당히 처덕이 있어 보이나 결국은 기신인 水를 더 生하여 나를 힘들게 한다. 처 때문에 망하게 되었다.

乙丑대운은 가난하고 힘들었고 丙寅 丁卯 대운은 순탄하고 호전되는 운이다. 浮木이 뿌리내릴 수도 있고 丙丁은 조후가 되니 좋다. 丁대운은 처성인 戌에서 올라오니 丁대운말 28세경 결혼했다. 처도 공직에 있었던 사람이다. 직장에서 만났다.

卯대운 - 卯酉충이 일어나니 남의 돈을 탐하다가 돈을 많이 날렸다. 도박에 빠졌고 부부 불화가 극심했다. 이혼할 뻔했다.

辰대운 - 辰戌충으로 처궁이 흔들리고 酉는 入墓하며 子가 入庫되는 흉한 운이다. 부부 불화가 심하며 지출 손재가 심하고 직업상의 애로도 심하다.

己대운 - 용신인 甲이 합거되니 아주 흉하다. 壬午년이 오자 子午충이 거듭 들고 수옥충까지 일어난다. 처가 구속되어 전과를 달았다. 처가 병원을 운영하는 바람에 재산이 다 날아가고 이 남성의 퇴직금까지 미리 다 끌어다 써 버렸다. 퇴직 후가 큰일이다.

41

己	乙	甲	癸		庚	己	戊	丁	丙	乙	
卯	酉	子	卯	여자	午	巳	辰	卯	寅	丑	大運

종왕격이니 酉가 기신이다. 生木이니 더욱 酉가 흉하다. 겨울 눈에 덮이고 얼어있는 나뭇가지를 도끼로 찍으니 나뭇가지는 사람으로 치면 수족이라 소아마비로 다리를 전다. 2살 때인 甲辰년에 辰酉로 합하니 卯酉충이 일어난다. 冲中奉合이 된 것이다. 목숨은 건졌지만 심한 장애가 왔다.

종왕격 사주답게 의지가 강하고 고집이 세며 깡다구 있는 성품이다. 子卯 음형살에 수옥충까지 있어 성격에 문제가 좀 있다. 거만하고 신경질이 심하다.

Ⅰ. 부부 해로하기 어려운 사주 91

조후가 절실하나 사주에 일점의 火氣도 없다. 없는 것이 직업이고 없으면 갈구하게 마련이다. 火는 식상이라 이공 계열의 기술직이다. 이 여성은 약사다. 丙寅 丁卯 대운이 양호하니 공부를 잘했고 진로가 잘 열렸다. 부산 변화가 대로변에 대형 약국을 경영하고 있으나 사주에 土가 약하고 군비쟁재라 큰돈은 모이지 않고 부모형제가 많이 뜯어간다.

卯酉충이 수옥충이라 약화사고나 관재구설이 종종 일어나 큰돈이 샌다.

酉가 기신이고 旺木에 튕겨나가는 형국이라 남자는 많이 스쳐가나 아직 미혼이다. 다가오는 남자마다 돈을 바라고 접근한다. 무기력한 남자들만 다가오고 酉가 卯와 암합하고 있어 유부남이나 바람기 있는 남자들뿐이다. 사주에 도화살이 많고 천간에 발동하여 남자를 밝히는 편이다.

己는 부친성인데 군비쟁재하고 신왕한 사주라 단명하거나 무기력한 부친이다.

戊辰 己 대운에 돈을 많이 벌었으나 자주 새고 뜯기니 실속이 없다.
충중봉합이 일어나는 辰대운에 이성으로 인한 애로가 많았다. 아픔이 잦았다. 부부궁이 지극히 부실한 사주다.

辛	庚	己	丁		癸	甲	乙	丙	丁	戊	
巳	戌	酉	酉	남자	卯	辰	巳	午	未	申	大運

金으로 종하니 丁이 기신이다. 일지 속의 辛과 합하는 巳 중의 丙이 처성이다. 巳가 있는데 년간과 일지 속에 또 丁이 있다. 년간의 丁은 첫 부인이고 丁대운 어린 나이에 만나 자식도 낳았으나 未대운에 이별했다.

일지 속의 丁은 재혼한 아내인데 丙대운에 겁재인 辛을 제거하니 재혼하는 운이다. 자식 낳고 살다가 乙대운에 군비쟁재가 일어나 후처가 대장암으로 사망했다.

巳대운에 중국 연변에 직업상 출입하다가 세 번째 처를 만나 연애로 삼혼을 했다. 처는 이혼한 경력이 있고 자식까지 있는 조선족 여성이다.

양인격 사주는 부친 덕이 없는 법이고 부친이 단명하는 수가 많은데 이 사람의 경우는 부친이 아직 생존해 계시며 부친으로부터 물려받을 재산도 많다고 한다. 부친인 재성이 투간하지 않았고 모친성인 戊 중의 신과 합하는 巳 중의 丙이 부친이고 장생지라 부친 덕이 있는 것 같다.

양인격이라 기술자이고 빈틈없이 깐깐하다. 甲대운부터 사업을 하고 있는데 대운간 甲이 己에 합거되고 庚辛에 극되며 辰戌충으로 甲의 뿌리가 약해져 사업이 부진할 것이다. 그래도 조선족 처는 온몸에 모피와 보석을 휘두르고 나타났다.

조선족 처의 사주

				41					
庚	戊	壬	丁		丁	丙	乙	甲	癸
申	辰	寅	未 여자		未	午	巳	辰	卯 大運

신약하고 丁壬합으로 관성이 秀氣가 되어 있다. 두세 번 결혼하는 상이다. 년지의 乙이 첫 남편이고 丁은 그 표출신이다. 乙대운 어린 나이에 만나 자식까지 낳았으나 巳대운에 이혼했다.

丙대운 - 丙이 관성이자 역마인 寅에서 올라오자 타국 남자(한국인)를 만나 재혼을 했다.

戊辰일주는 원래 백숙부가 횡사하는 법이라 백부가 요절했다.

위 여성의 조선족 친구

				43					
甲	辛	甲	丁		己	戊	丁	丙	乙
午	酉	辰	未 여자		酉	申	未	午	巳 大運

일지와 육합하는 辰이 첫 남편인데 결혼 후 무기력해지고 역할이 상실되니 자식 하나 낳은 후 이혼했다. 일지 酉는 辰의 사지다. 辰을 合死시킨다. 辰 중의 癸는 그와의 자식이다.

丁未대운에 만나 그 대운에 헤어졌다. 관성인 丁未와 복음이 되고 대운간 丁은 년간의 丁과 함께 辛을 극하니 만나자마자 고통이 심했다.

시지 속의 丙이 재혼 남편이다. 년간의 丁은 그 표출신이다. 일주와 남편궁인 시주와는 3급 소용돌이가 돌고 있다.

己대운의 己는 午와 남편궁인 未에서 올라온 남편의 또 다른 표출신인데 甲에 의해 합거되고 쟁합까지 일어난다. 재혼 남편이 己대운 庚寅년에 위암으로 위를 3분의 2나 절제했다. 酉대운도 좋지 않다. 酉는 남편인 丙의 死地이고 辰酉의 합이 풀리는 운이다.

그렇다고 이야기해도 아무런 관심이 없고 돈이 더 많이 벌어지는 시기가 언제냐고만 물었다. 이 남편과의 사이에서 아들도 낳았지만 남편의 생사에는 아무런 관심이 없었다. 이 여성 역시 온몸에 모피와 보석을 휘감았으며 한국 여성들보다 더 세련되고 화려한 차림이었다.

					50					
丙	癸	戊	戊		壬	癸	甲	乙	丙	丁
辰	巳	午	子	여자	子	丑	寅	卯	辰	巳 大運

子午충으로 子는 도움이 되지 못한다. 戊癸合化格 사주이고 子는 기신이다. 辰 중의 癸는 土를 윤택하게 해주니 무난하다.

시주의 丙이 体가 되니 水가 남편성이다. 년지의 子는 첫 남편이다. 辰대운에 만나 1남 2녀를 낳고 살다가 甲대운 초에 이혼했다. 남편은 선원이었다. 폭행을 일삼았다.

일간의 癸는 두 번째로 만나 잠시 동거하다가 헤어진 내연남이다. 시지의 辰은 메마른 대지를 적셔주는 남자니 그중 가장 낫고 도움이 되지만 입고되어 있다. 丑대운에 충중봉합이 일어나 암으로 사별했다.

이 사주를 정격으로 보더라도 재혼지명이다. 子午충이 수옥살을 겸하고 있어 돈과 남편은 니 것 내 것이 없다. 계주를 하거나 돈놀이를 하면서 남의 돈을 많이 축냈으며 외상으로 물건을 사면 그 돈을 갚는 법이 없다. 사기꾼 근성이다. 아니 사기꾼이다. 말이 비단이다.

앞 여성의 세 번째 남편

庚	丙	辛	辛		乙	丙	丁	戊	己	庚	
寅	寅	卯	巳	남자	酉	戌	亥	子	丑	寅	大運

종강격 사주다. 지지의 土金운이 나쁘다. 지지의 水운은 무난하다. 종강격에 재성은 기신이고 천간의 여러 金들은 뿌리가 없다.

寅에 장생하고 종강격이라 아주 강인하고 냉정하며 빈틈없고 깐깐하다. 까칠한 성격이다. 두뇌가 명석하여 검찰 계통의 공직에 있었고 대운이 지지로 水운이고 천간은 戊丁丙으로 흘러 직업 운은 순조롭고 부정 축재한 재산도 상당하다.

년간의 辛은 첫 아내이고 자식까지 낳았다. 丁대운이 오자 丁이 辛을 하나 제거해 주어 부부궁이 맑아져 결혼했는데 丁亥대운 자체가 처궁인 辛巳를 天冲地冲하니 만나자말자 서로 안 맞아 고통받다가 亥대운말에 이혼했다.

丙대운이 오자 또 丙이 辛을 합거하여 부부궁이 맑아져서 재혼했다가 자식도 없이 이내 헤어졌다.

戌대운 - 戌 중의 辛이 여자라 대운말에 앞의 여성과 만나 한 10년 동거했다.

酉대운 - 종강격에 역하고 왕신을 충극하며 기신인 辛에 뿌리가 생기니 손재가 컸고 암까지 발병하여 투병하다가 사망했다.

빈틈없고 성실한 이 사람의 성격에 비해 위의 여성은 수준이 맞지 않고 인생관 자체가 많이 달라 같이 살면서도 많은 갈등과 고통이 있었을 것이다.

```
                          41
辛 丙 壬 乙          戊 丁 丙 乙 甲 癸
卯 寅 午 未 여자      子 亥 戌 酉 申 未 大運
```

양인격 사주고 火로 종하는 종왕격 사주다. 壬과 辛은 무근하고 종격에 기신일 뿐이다. 남편성이 되지 못한다. 일지의 甲과 합하는 년지의 己가 남편성이다. 乙未생 동갑이고 백호에 걸리고 燥

土라 장애인 남편을 만났다. 未가 상관이라 자식 같은 까칠한 성격의 남편이라 남편 애로가 많다.

일지의 寅은 모친이고 寅 중의 丙과 합하는 辛이 부친성인데 卯를 깔고 있고 년간에 乙이 투출되어 있으니 乙은 부친의 첫 부인이고 나는 후처 소생이다. 未 중에 丁이 있고 월지의 午도 있으니 배다른 형제들이다.

辛은 무근하여 능력 없는 부친이다. 申대운에 寅申충으로 나의 모친이 별세하시고 찢어지게 가난한 살림 속에 동생들을 돌보며 죽도록 고생하며 교대를 간신히 졸업했다. 진해가 고향이다. 申대운은 종격에 역하는 좋지 못한 운이다.

乙대운이 오자 좀 나아졌다. 교직으로 나갔기 때문이다. 그러나 가난한 친정을 돌보느라 고생은 여전했다.

酉대운이 오자 합신인 辛의 뿌리가 되어 결혼했다. 가난한 친정을 돌보고자 장애인과 결혼했으나 남편 역시 능력이 없는 사람이었다. 돈을 보고 결혼했는데 속았다는 말이다. 종왕격은 관성이 기신이니 남편 애로가 많은 사주다. 해로는 하고 있으나 평생이 괴롭다.

亥대운 - 기신인 壬에 뿌리가 생기니 직장 염증이 생겨 庚辰년에 명퇴했다. 庚辰년은 종격에 역하는 해다.

戊子대운 - 戊대운은 무난하나 子대운이 오면 부부의 건강 부실과 남편으로 인한 고통이 커질 것이다.

남편성인 未는 나의 일지인 寅을 입고시키니 나를 옭아매며 귀문살까지 있어 정신적으로도 문제가 많은 남편이다. 부부 갈등이 심하다.

일지의 戌는 딸이고 년지의 未는 남편과 같이 있으니 아들이다. 旺火를 설기시키니 자식복은 양호하다. 딸은 나를 닮았고 아들은 남편을 닮았다.

31

丁 庚 壬 壬　　　　丁 丙 乙 甲 癸
丑 子 子 子 남자　　巳 辰 卯 寅 丑 大運

庚이 설기가 심해 극히 신약하다. 丑은 庚을 입고시키며 旺水에 합거되니 뿌리가 되지 못한다. 水로 종하니 종아격 사주이며 일지에서 솟은 壬이 체가 된다. 壬이 일간대행이다. 윤하격으로 변했다고도 볼 수 있다.

왕수에 己는 기신이라 직장 운이 부실하다. 직장에 적응하지 못하고 이내 사업에 손댔으나 辰대운까지는 갑갑한 운이다. 丁이 약해 재물 운이 갑갑하다.

丁은 합신이고 壬에서 보면 재성이라 처가 되는데 水의 극이 심하고 墓에 앉으며 子가 丁의 絶地고 木이 없어 생조 받지 못하니 허약한 처성이다. 결혼과 동시에 결핵으로 고생하고 있다. 庚은 처인 丁에서 보면 폐나 기관지라 庚이 설기 심하고 약하나마 丁의 극을 받으니 결핵이다.

壬을 체로 보면 子가 셋이니 양인이 많아 처궁이 더욱 약해지고 있다. 옛날 같았으면 벌써 죽었을 것이다.

癸丑대운 - 춥고 배고픈 시절이다. 집안이 가난하고 키가 자라지 않고 잔병이 잦았다.

甲寅대운 - 왕수가 설기되니 좋은 운이라 키가 쑥쑥 자라고 착실하게 성장하여 대학도 가고 집안이 풀렸다.

乙卯대운 - 乙대운이 합신운이라 연애했지만 乙과 壬은 좋지 못한 관계라 실연하고 말았다. 卯대운 말 卯도 처성이라 결혼했으나 子卯음형살이 겹치니 결혼과 동시에 처가 결핵에 걸렸다.

丙대운 - 壬에서 보면 丙이 역시 처성이라 丙이 극을 당하니 처가 계속 아프다. 壬에서는 子가 양인이라 이 남성이 성욕이 왕하고 그로 인해 소모성 질환인 결핵에는 치명적이다.

辰대운에 직업상 애로가 있어 퇴직 후 사업을 시작했으나 왕신입고하고 물이 흐려져 고전하고 있다.

丁대운에는 처성인 丁이 동하고 壬에 의해 合絶되니 처가 위험한 운이다.

Ⅱ.
단명하거나
장애자가 되는 사주

단명하거나 장애자가 되는 사주

99년 己卯년도 다 저물어가는 12월 어느 날 몇 번 다녀간 적이 있는 보험설계사가 언니뻘 되는 여인을 데리고 왔다. 같은 ㅅ생명에 다닌다고 했다. 좀 고집스러워 보이는 여인이었다. 남편 사주를 넣었다.

			43		
乙	甲	己	己	甲	乙
亥	辰	巳	丑 남자	子	丑 大運

甲己合化土格의 破格이고 일간이 신약하지는 않다. 일지에서 솟은 乙이 甲己의 합을 깨는 것이 흠이다. 자신의 잘못된 판단으로 재물을 축내며 타인으로 인한 금전적인 손실도 생긴다고 봐야 한다. 일반 正格으로 풀면 木火傷官이고 巳가 통관용신이나 巳丑으로 金局으로 화하여 용신이 기반된다. 甲이 甲己합으로 土火되는 것도 문제다. 辰巳지라살이 있어 관재도 일어날 수 있는 사주다.

甲대운에 쟁합이 일어나고 비견운이니 큰 손재가 있었을 것이다. 지금 보면 甲子대운은 시주와 1급 소용돌이가 일어나는 불길한 운이다.

子대운이 오니 巳는 더 약해진다. 庚辰년이 아주 위험하다. 庚은 일간의 편관칠살이고 辰은 약해진 巳를 더욱 꺼지게 한다. 죽을 것 같았다. 이를 어떻게 표현해야 할지 난감했다. 딴에는 조심스럽게 말을 꺼냈다.

"남편 되시는 분이 기술자 사준데 사업 하시다가 실패하셨나요?"
"예, 화공약품 계통의 기술자였는데 직장 그만두고 사업하다가 다 날리고 빚만 잔뜩 져서 어찌 살아야할지 막막합니다."
"그런데 그게 문제가 아니고 내년인 庚辰년 庚辰월, 다시 말해서 2000년 양력으로 4월에 아저씨가 큰 병을 얻으면 일어나기 어려우니 지금 큰 병원에 가서 검사를 한번 받아보시지요."

금세 그 부인의 얼굴이 험악해졌다. 붉으락푸르락해지더니 막 성을 내기 시작했다. 말투가 거칠었다. "우리 신랑 이제 50살 밖에 안됐는데요?"라며 소리를 질렀다.

나도 화가 나기 시작했다.
"죽는데 나이가 있습니까?"
서로 싸우다시피 말을 했다.
"우리 신랑은 하도 건강해서 병원 한번 가 본적이 없는데요?"
"그런 사람이 누우면 바로 갑니다."
"그럼 부적을 쓰면 되겠네요?"

"이 양반이 사람을 뭐로 보고 그런 말을 한단 말이오? 부적 쓸 돈이 있으면 검사비에 보태 쓰세요. 왜 자꾸 소리를 지르고 화를 냅니까? 운세가 너무도 안 좋아 생명에 위험이 있을 정도라서 검사 한번 받아보라는 말이 그렇게도 고깝게 들리고 좋은 소리만 들으려면 뭣 하러 이런 곳에 오십니까? 성질도 참 별나네."

그 두 사람은 씩씩거리며 돌아가고 나는 한 사흘간 기분이 나빴다. '이런 꼴을 당하려고 명퇴하고 이 짓에 나섰는가?' 하고 후회스런 생각조차 들었다.

그 이듬해 10월 하순경 그 여인을 데리고 왔던 보험설계사가 다시 찾아왔다. 그 여인의 남편이 내 말대로 庚辰년 庚辰월에 몸에 이상이 느껴져서 자기 발로 병원에 갔고 간암 말기로 판정받고 수술도 못하고 몇 달 고생하시다가 한 보름 전에 세상을 떴다는 것이다. 전해들은 말이라면 믿지 않았을 텐데 그 자리에 자기도 같이 있었고 돌아가는 길에도 두 사람이 내내 날 욕했다는 것이다. 심지어는 보험회사에 돌아가서 수많은 사람들과 다 함께 내 욕을 했다는 것이다. 세상에 정확히 예언해 준 죄로 이렇게나 심하게 욕을 듣다니…….

그래도 그 이야기를 듣고 나니 마음이 편치 않아서 한번 같이 오시면 점심이라도 대접하겠다고 했더니 그 이튿날 당장 둘이 같이 왔다. 생태탕을 대접했는데 그 이튿날 또 왔다. 또 생태탕 값이 날아갔다.

남편을 잃은 여인이 목을 쭉 빼고 시름에 잠겨 있어서 하는 수

없이 20만 원 상당의 보험을 하나 들어줬다. 지금은 해마다 보러 온다.

丙대운부터 돈을 많이 벌 것이라고 말해줘도 믿지 않았다.

앞 사람 부인의 사주

				41		
甲	辛	庚	辛	乙	甲	
午	亥	子	卯 여자	巳	辰	大運

日柱無根하고 庚도 死地에 앉고 년간의 辛도 절지에 앉아 金이 모두 무근하니 종해야 한다. 水木이 왕하고 일지에서 甲이 솟으니 종재격 사주이고 甲이 체다. 일간대행이다.

甲이 体가 되면 午 중의 己가 남편이다. 金들은 모두 설기되고 무근하니 합신을 배우자로 본 것이다. 午는 자식이고 亥子는 모친성이다. 亥는 모친이고 子는 모친의 형제. 子午충을 亥가 보류시키고 있으나 亥가 合沖될 때 위험하다. 巳대운에 亥가 沖去되니 子午충이 일어나 己토가 충출되니 대운간 乙이 극한 것이다. 원래대로 보더라도 남편인 丙화가 극되는 운이다.

庚辰년에 응한 것은 대운지 巳에서 올라왔기 때문이다.

종재격이 되니 돈에 알뜰하고 아주 인색하다. 공짜를 좋아하고 사람을 이용하려는 기질이 강하다. 돈 안 되면 친구든 형제든 싹 끊어버린다. 필요할 때만 사람을 찾는다.

甲이 体가 되면 신왕하고 조후도 필요하니 午가 용신이다. 입으로 먹고사는 사주라 잠시 초등 교사로 있다가 이내 그만두고 그 후 보험설계사로 일하고 있다.

午가 자식인데 子가 노리고 있다. 아들 하나 딸 하나 있는데 딸은 정신지체가 있다.

체가 되는 甲에서 보면 午가 상관이 되니 말이 밉상이다. 직선적이고 庚辛의 극이 있어 신경질적이다. 甲이 강하니 고집이 세다.

추운 겨울의 生木이니 金水는 불리하고 火土가 좋다. 활동을 해야 하는 사주다. 부지런히 움직이고 입으로 불을 토해내어 추위를 이겨야 한다.

巳대운에 남편 사별하고 丙대운 辛巳 壬午 癸未년 종신보험이라는 것이 나와서 돈이 많이 모였다. 3억이나 모았다가 午대운에 돈거래로 다 날렸다. 甲申 乙酉년에 다 날렸다. 子午충으로 己土가 충출되자 歲運干 甲乙이 극한 것이다. 지금은 집도 없이 친척집에 공짜로 기거하고 있다. 사주원국에 土가 약해 재물운도 약하다.

그 후 ㅅ생명의 설계사들이 휩쓸고 지나갔다. 모두 이구동성으로 "그때 나도 같이 욕했거든요." 했다.

"왜 욕을 하는데요? 자꾸 들으니 화가 나네요."

				35				
丙	壬	甲	庚		戊	丁	丙	乙
午	辰	申	寅 남자		子	亥	戌	酉 大運

申辰水局을 하고 庚이 투간하여 신왕한 사주다. 식신생재로 가려고 하나 甲과 寅이 다 부서져 쓸 수가 없다. 丙午가 희용신이나 식상과 연결이 잘 안되고 멀다. 丙은 일간의 극을 받으니 丙午는 헛불이고 午는 공망이다. 忌神이 우글거리고 희용신은 힘이 없으니 얼핏 보면 그럴듯해도 불길한 명조이다.

식신이 부서지니 성대 장애자다. 홍역을 앓은 후 후두가 마비되어 목소리가 심하게 색색거리고 의사전달이 시원치 못하다. 3살인 壬子년에 용신인 午를 쳐서 그리 되었다.

그래도 괴강일주에 도화홍염이 다 발동하니 미남형이고 체격도 날씬하다. 대단히 총명하고 다재다능하여 그림도 잘 그리고 희곡으로 조선일보 신춘문예로 등단까지 했다. 편인에서 長生을 얻으니 잔머리를 엄청나게 굴리며 거짓이 많다. 식신이 부서지니 헛소리를 남발하고 무책임하다. 직업은 방송국의 카메라맨이었다.

子대운 癸酉년에 子는 申子辰 水局을 지어 午를 충하고 癸酉는 용신인 丙을 극하고 死地에 놓이게 하니 사고로 44세의 젊은 나이에 죽고 말았다. 水가 火를 극할 때는 추락사가 많다. 영화 촬영하는 일에 관여하다 기사의 실수로 인해 죽고 말았다. 좋지 못한 행실로 인해 죽은 후에도 아쉬워하는 이가 적었다.

午 중 丁이 처고 丙은 애인들이다. 癸巳년생 처를 만나 더욱 명을 재촉한 것 같다. 病的인 바람둥이다.

午 중의 己는 딸이고 일지의 戊는 아들이다. 1남 1녀를 두었다.

```
                            40
丁 丙 甲 乙           己 戊 丁 丙 乙
酉 申 申 巳 여자      丑 子 亥 戌 酉 大運
```

巳가 배임하였지만 종할 수도 없다. 甲乙과 丁이 있어 종하기도 어렵다. 財多身弱이다. 평생 돈과 남편에 허덕여야 한다.

甲乙이나 丁이 無根해서 불길한 명조이다. 巳에 뿌리를 두고자 하니 다른 사람들에게 의타심이 많고 사람을 잘 이용하고 배신도 잘 하며 자신도 배신을 잘 당한다. 금전 관계가 지저분하다. 巳는 기반이 되고 공망이 드니 불길한 명조이다.

육친 - 일지 申과 합하는 년지의 巳가 남편이고 시지의 酉도 남편성이다. 巳는 일간의 뿌리가 있고 자식인 戊가 있어 첫 남편으로 본다. 아들 하나를 낳은 후 이혼했다. 미약한 희신이나마 巳 중의 戊라 아들이 명문대에서도 장학금을 받을 정도다. 巳 중에 내 뿌리가 있어 이혼할 때 자식을 데리고 왔다.

부친인 申과 합하는 乙巳가 모친인데 두 번의 육합이 있어 모친이 재혼하셨다. 巳가 씨 다른 오빠인데 기반되고 공망이라 일찍 죽었다. 부친도 재혼인데 甲 다음에 乙이라 모친이 재혼하면서 부친의 후처로 왔다. 巳는 시부님인데 시모인 申과 합하면서 무기력해졌다.

巳가 월지의 申과 육합하니 남편 덕이 적고 이별할 남편이다. 巳亥 충하는 亥대운에 이혼했다. 巳는 기반이 되고 공망까지 있어 부부 애로가 많다.

巳는 미약한 나의 뿌리인데 亥대운에 巳를 치니 암 수술을 했다. 용신인 亥가 장생을 얻어 존명했다.

戊대운이 오자 巳申형이 유발되어 뿌리가 완전히 뽑혔다. 己丑년에 희신인 甲이 합거되어 오랜 고생 끝에 암이 온몸에 퍼져 사망했다.

酉는 丁이 타고 있어 남의 남자고 남의 돈이다. 네 돈 내 돈이 없고 네 남자 내 남자가 없다. 금전적으로도 대단히 지저분하게 저질러 놓고 살아간다.

巳가 미약하나마 건록이 되고 일지에 문창성이 있어 학원을 경영하다가 안 되어 식당업을 했으나 그마저 날려버리고 말았다. 祿이 기반되니 되는 일이 없다.

				35				
戊	丙	乙	戊		庚	辛	壬	癸	甲
戌	申	丑	申 여자		申	酉	戌	亥	子 大運

Ⅱ. 단명하거나 장애자가 되는 사주

얼어붙은 乙은 丙을 生하지 못하고 오히려 丙에 의지하려고 한다. 겨울 태양이 무근하고 乙은 용신이 되지 못하니 종재격이 되었다. 申이 일간을 대행한다.

乙은 일지이자 体인 申과 명암합하니 남편성이고 재물이기도 한데 얼고 약해서 평생 돈과 남편에 허덕이는 사주가 되었다. 일지와 合하니 나는 돈에 집착하고 구두쇠다. 그러나 재물복은 없다.

일지에 편재가 있고 종재격이라 나는 부친을 빼닮았다. 용모와 성격, 알뜰함과 말투까지 닮았다. 부친성에 문창성이 있어 부친이 학교의 하급직 공무원이다.

戊도 申도 모두 급각살인 丑으로 입고하고 있다. 水氣가 미약하니 오행의 흐름이 원활치 못하다.

乙은 간이나 정신력인데 언 자갈밭에 뿌리를 내릴 수 없어 허약한 木이다. 간에서 단백질 생성이 안 되는 후천성 근무력증이라는 희귀병에 걸리고 말았다. 甲子대운에 발견되었다. 甲이 일지에서 올라간 戊土 즉 나의 식신(종하기 전)을 극했기 때문이다.

20세를 넘기는 사람이 별로 없다는 청천벽력 같은 진단 결과는 부모의 가슴을 찢어지게 했지만 다행히 40세를 훌쩍 넘긴 지금까지 별 탈 없이 잘 지내고 있다.

물이 제대로 흐르지 못하니 당뇨병이 생겼다. 판단력이 부실하고 쓸데없이 고집과 기갈이 세다. 약간의 신기도 있다. 신기가 발동되면 성질이 폭발한다. 종재격이라 도움이 안 된다 싶으면 가차 없이 잘라버리는 기질이 있다.

癸亥대운에 癸가 일간을 극하나 戊土가 잘 막아주었고 水氣가 오행을 유통시키니 생명에는 지장이 없었다. 결국 亥대운에 하체가 완전히 마비되어 휠체어를 타게 되었다.

일지와 합하는 乙이 남편인데 힘이 없어 별 도움이 되지 못하고 오히려 내게 기대는 형상이다. 인수가 남편이니 부모같이 나이 많은 남편이다. 자상하고 마음 여린 남편이다. 乙이 추워서 불을 찾으니 술을 자주 마시며 주벽이 있다. 丑 위에 있어서 신기도 있다. 소는 원래 영기가 강한 짐승이다.

역마가 발동되는 亥대운 초에 외조모에게 의지하여 객지인 부산으로 와서 육효점을 치며 살아가게 되었다.

亥대운 - 乙이 힘을 얻어 배타는 노총각과 동거하게 되었다.

壬대운 - 壬이 일지에서 솟고 오행이 유통되니 결혼식을 올리고 아들이 태어났다. 남편이 활동하여 살 만한 시절이었다.

戌대운 - 丑戌형으로 남편궁을 치니 남편이 우왕좌왕하는 세월이다. 하는 일마다 막히고 일할 의욕을 잃어갔다.

辛酉대운 - 乙이 극되니 부부가 다 판단력이 흐려지고 해선 안될 일만 골라서 하게 된다. 乙은 재물이기도 한데 조금 있던 돈도 다 새는 운이다. 굿등으로 많은 돈이 새나갔다. 법당을 차리고 육효점을 보지만 손님이 영 오지 않는다. 乙이 辛에 완전히 극이 되지 않은 이유는 丙이 좀 막았기 때문이다.

이혼이 거듭되면서도 헤어질 수 없는 이유는 乙은 나 丙에게 의지를 해야 凍死를 면할 수 있기 때문이다.

庚申대운 - 역시 답답한 세월이나 申 중에 壬이 있어 조금 나을 것이다.

己未대운 - 년주와 1급 소용돌이가 돌고 丑戌未 3형살과 고신살이 발동되니 위험한 운이다. 60세인 丁未년에 일주와 또 1급 태풍이 부니 종명할 수도 있다.

년지의 申과 丑 중의 辛은 남편의 혼전 애인이거나 동거녀다.

위 여성의 남편 사주

			44							
己	丙	乙	庚		辛	庚	己	戊	丁	丙
丑	辰	酉	子 남자		卯	寅	丑	子	亥	戌 大運

乙이 합거되고 지지로는 辰酉와 酉丑이 합이 되어 從할 수밖에 없다. 乙庚합으로 金氣가 秀氣되니 金으로 종한다. 따라서 庚이 体다.

부부 중 한 사람이 종격이면 대부분 종격 사주의 배우자를 만나게 되는 경우가 많다. 從格이 正格의 사주를 만나는 경우는 좀 적고 해로하지 못하는 경우가 많다.

乙은 부친성이자 처고 돈이다. 乙이 절지에 앉고 절신발동한 것이 나이니 10세 전에 부친을 사별했고 처도 몸이 부실한 사람을 만나게 된 것이다. 물론 재물 운도 좋지 못하다.

처가 되는 乙이 절지에 앉고 辰酉로 합하여 그 뿌리를 내릴 수 없어 처가 장애인이다. 乙庚으로 합하니 남들 보기엔 잉꼬부부나 내적인 갈등이 잦고 이혼과 재결합을 반복하면서 살아가게 된다. 헤어지기가 어려운 이유는 乙과 庚은 따로 놀면 아무 쓸모가 없기 때문이고 辰酉로도 합하니 해로할 것이다. 귀문살과 화개살이 겹치니 신기가 좀 있고 처도 마찬가지다.

辰은 모친이다. 戌대운에 辰戌의 충이 일어나니 모친이 나를 버리고 재가를 했다. 가난해서 일어난 일이지만 그 일로 인해 깊은 원한을 품고 있고 그 후 다시 만났지만 결국은 인연이 끊겼다.

음습한 사주이고 子로 설기해야 하니 술을 좋아하고 주벽이 있다. 子는 녹슨 물이라 입을 열면 주벽으로 흘러나온다. 내성적이고 약간 모가 난 성격이다. 사고방식이 독특하다. 여러 직업을 전전했다. 물이 필요하니 처음에는 배를 탔다. 심성은 무척 착하다.

己丑대운부터 물 흐름이 더욱 막히니 노는 날이 많고 갑갑한 세월이다. 丑대운에는 화개살이 들어 무속 일을 거들기도 하고 법당을 차리기도 하지만 대운이 나빠 풀리는 일이 없다.

丙은 体인 庚과 음양이 같아 아들이 하나 있다.

41

| 壬 | 辛 | 甲 | 癸 | | 己 | 庚 | 辛 | 壬 | 癸 | |
| 辰 | 巳 | 寅 | 卯 | 남자 | 酉 | 戌 | 亥 | 子 | 丑 | 大運 |

종재격 사주다. 지지로 오는 金운이 나쁘다. 木을 설기해줄 火가 희신이고 寅巳형살이 있어 수의사며 기술직 공무원이다. 초년 水 대운에 종격에 순응하는 운이라 공부도 잘하고 아무런 애로 없이 행복하게 잘 살았다.

酉대운 - 왕신을 충극하고 수옥살에 충살까지 일어나며 巳용신의 死地인지라 생명의 위험이 있다. 위암 3기에 발견되어 수술을 받았다. 존명하기 어려운 운이다.

戊申대운도 마찬가지다. 甲이 일간대행인데 生木이라 金을 매우 싫어한다. 寅巳申 3형살이 일어나고 甲의 건록지인 寅을 치니 아주 불길하다.

소화기계통인 土가 약하고 刑殺있어 이런 일이 일어났다고 본다.

일간과 합하는 巳가 처다. 형살에 지라살까지 있으니 부부 불화가 매우 심하다.

```
乙 辛 癸 癸        丁 丙
卯 酉 亥 丑 여자    卯 寅 大運
```

신약하다. 설기가 심하고 卯酉충까지 있다. 卯는 수옥살이다. 乙卯는 재성이라 나의 생명줄이다. 母衰子旺한 사주니 자궁이나 유방 등 생식기 쪽이 약한 체질이다.

丁卯대운이 오자 丁편관이 일간을 극하고 卯는 유일한 뿌리인 일지를 친다. 아들을 임신 중인데 유방암 3기라고 판명이 났다. 살아나기 힘들 것이다. 본인이 직접 왔길래 무조건 살아난다고 말해주었다. 한 가닥 희망이 될 것이다. 존명하기 어렵다.

```
                          36
己 癸 丁 丙           壬 辛 庚 己 戊
未 未 酉 午  남자    寅 丑 子 亥 戌  大運
```

신약하나 酉가 용신일 수는 없다. 酉는 旺火에 破가 되어 일간을 생해줄 여력이 없다. 일지에서 솟은 己로 종하는 종살격 사주다.

일지에서 七殺이 솟아 일간을 극하니 단명이나 장애인 사주다. 태어나면서 뇌성마비가 되었다. 그런데도 두뇌는 아주 명석하다. 신체기능은 탈이 났어도 정신력은 말짱하다. 공부도 뛰어나게 잘했고 문학에도 소질이 있어 시집을 몇 권이나 냈다.

子대운 - 從하는 사주에 逆하는 운이 와서 왕신을 충극하니 생명의 위험이 왔다. 31세 子대운 초에 패혈증이 와서 입원하고 위급한 순간이 있었으나 무사히 살아났다. 워낙 火土가 강해 子가 크게 작용하지 못했다.

庚 戊 乙 己				庚 己 戊 丁 丙				
申 戌 亥 亥 여자				辰 卯 寅 丑 子 大運				

신약한 사주다. 戌이 있어 종할 수도 없다. 水가 病이다. 水는 신장, 방광 계통이라 신장이 몹시 약해 투석으로 생명을 이어가고 있다. 丙丁戊己가 투간되는 대운에는 이리저리 유지가 되지만 일간의 유일한 뿌리인 戌을 치는 辰대운은 넘기기가 어렵다. 病만 있고 藥이 없는 사주다.

21

己 丁 己 乙				甲 乙 丙 丁 戊				
酉 卯 卯 未 남자				戌 亥 子 丑 寅 大運				

卯酉충으로 부친과의 인연이 좋지 못하다. 丑대운에 酉가 입고 되니 부친이 병을 얻어 고생하다가 겁재운인 丙대운 초에 돌아가셨다. 旺木에 도끼날이 빠져버렸다.

卯未로 합하여 木이 강해지고 일지에서 乙이 투간하여 종강격 사주가 되니 종강격에는 酉가 기신이다. 乙을 체로 보면 己가 부친인데 己에서 보면 일간대행인 나 乙이 편관칠살이고 木局을 형성하여 극하니 이래저래 부친 조별할 사주다. 부친 생존 시에도 나와는 불화가 잦았고 결혼 후 아내와도 불화가 심하다. 부모끼리도 불화가 심했다. 酉나 己를 처나 부친으로 볼 수 있다.

나 역시 왕신충극을 당하는 사주이다. 己는 소화기나 복부인데 旺木에 뚫리니 丑대운 어린 나이에 위 수술을 해서 간신히 생명을 건졌다. 옛날 같았으면 그때 죽었을 것이다. 시대를 잘 타고나서 산 것이다.

易이란 쉴 새 없이 바뀐다는 뜻이다. 사물을 어느 한쪽에 치우쳐서 보면 제대로 파악할 수 없다. 입체적으로 살펴야 한다. 고정관념에 사로잡히면 발전이 없다. 격국용신이나 神殺에만 치중한다든지 하지 말고 온갖 방법으로 접근해야 한다.

己는 재물이니 손바닥만 한 밭에 잡초가 우거진 상이라 재물복도 적다. 편인이 왕하니 기술로 연명하고 있다.

```
乙 己 辛 甲        丁 丙 乙 甲 癸 壬
丑 卯 未 申 남자   丑 子 亥 戌 酉 申 大運
```

未는 卯未로 합하여 뿌리가 약해졌으나 丑이 있어 좋기도 어렵다. 관살이 혼잡하고 일지에서 솟은 편관으로 일간이 위험한데 丑에서 솟은 辛이 막아주고 있어 식상제살격 사주이며 교육행정직 공무원이다.

  초년 金대운에 부모덕에 큰 어려움이 없었고 고등학교를 나온 후 공무원이 되었다.

  큰 재물은 없어도 넉넉한 편이고 형제인 未가 卯未로 합하여 일간을 극하니 형제로 인한 애로가 많다. 여형제가 한 명 단명했고 다른 여형제들은 풀리지 않으며 뜯어가기도 했다. 未가 기반이 되었기 때문이다.

  木이 기신이라 자식 애로도 크다. 아들이 애물단지다.

  乙의 극이 심하니 간이 나쁜 체질이다. 亥대운에 木局을 형성하니 간경화가 왔다. 丙子대운까지 갖은 고생을 하다가 丁대운이 오자 丁이 乙을 견제하고 있는 辛을 극하자 乙이 바로 일간을 쳤다. 간경화로 세상을 떴다.

  木은 간 계통인데 사주에 木이 왕하여 일간을 치면 주로 간질환이 온다. 木이 너무 약하거나 木이 金의 극을 받을 때도 마찬가지다.

위 남성의 처 사주

					52		
戊	己	乙	丁		辛	庚	
辰	酉	巳	亥 여자		亥	戌	大運

  신왕하다. 乙이 남편이나 뿌리가 약하다. 巳酉로 합하여 絶地로 끌고 온다. 辛亥대운에 乙巳 남편궁을 천충지충하니 과부가 되었다.

아들의 사주

```
丙 丁 丙 乙
午 未 戌 卯 남자
```

신왕하고 火旺燥土하니 生金이 안되며 戌未형으로 충충된 辛이 백호인 丙戌의 극을 받고 卯戌합으로 辛이 녹으니 부친이 단명할 사주다.

戌 중의 辛이 부친성이고 고모들인데 모두 단명이거나 지지리도 풀리지 않는 사람들이다.

```
                        43
癸 丁 丁 癸              壬 癸
卯 巳 巳 卯 남자         子 丑 大運
```

신왕하고 癸는 무근하여 종왕격 사주다. 당연히 癸가 기신이다. 癸가 힘이 생기는 운에는 흉함이 있다. 안타깝게도 대운이 종격에 역하고 있다.

癸대운 - 질병으로 고생했는데 병명을 알 수 없었다고 한다.

丑대운 - 간암 초기라는 판정을 받고 수술을 했다.

子대운 - 癸편관이 得祿하는 子대운에는 종명이 예상된다. 子는 기신이고 일간을 바로 극하는 칠살의 뿌리가 된다.

위 남성의 부인 사주

					42		
甲	己	丁	乙		壬	辛	
戌	丑	亥	巳	여자	辰	卯	大運

신왕하여 甲이 용신이다. 그러나 甲은 일간에 합거되고 지지로는 丑戌형이 되어 합이 좋지 못하다. 甲의 장생지인 亥도 巳에 충되어 있다.

乙도 호시탐탐 甲己의 합을 깨려고 노리고 있다. 해로하기 어렵다.

卯대운 - 乙이 득록하여 甲己합을 깨니 남편이 질병에 시달린다.

壬대운 - 巳亥충이 유발되어 甲의 장생지가 뽑히니 더욱 위험한 운이다.

卯대운에는 친정 부친이 돌아가셨다. 부친인 亥에서 보면 卯가 死地이기 때문이다. 사주원국에 사신발동이 되어있는 乙이 힘을 얻었기 때문이다.

Ⅲ.
성욕에 눈이 먼 사람들

성욕에 눈이 먼 사람들

辛 丙 庚 甲					癸 甲 乙 丙 丁 戊 己						
卯	午	午	午	여자	亥	子	丑	寅	卯	辰	巳 大運

비천록마격 사주이며 염상격이나 양인격 사주라고도 할 수 있다. 아무튼 온 사주가 불판이다. 허충해오는 子가 남편이며 이 여성의 직업이기도 하며 子를 오래 잡아주는 丑이 있으면 좋고 丑운도 좋다.

운에서 子가 오면 진실되어 꺼린다. 丙辛합하여 물기가 배어나오니 格이 좀 떨어진다.

양인이 많으면 황음하여 수치를 모를 정도라는 명리정종의 한 구절처럼 이 여성도 성욕이 너무 강해 머릿속에는 늘 그 생각뿐이다. 양인이 중중하고 도화살이 발동한 것이 본인이니 대단한 웅녀지만 남들은 잘 모른다. 현모양처인 줄로 알고 있다. 그야말로 山

에서 만나면 山에서 자고 들에서 만나면 들에서 잔다. 채팅을 통해서 많은 남자들과 合情하며 살아간다. 봄이나 가을에 정신병이 도질 때면 더욱 심해진다.

양인살이 겹치니 소아마비로 다리를 약간 전다. 그리고 조울중과 정신분열증이 해마다 환절기에 나타나면 하루 종일 지껄이고 남자들 앞에서도 부끄러운 줄도 모르고 섹스에 관한 이야기를 해댄다. 겨울이 되면 내가 언제 그랬던가 하고 조용해진다. 멀쩡하다.

설기가 필요하니 정신이 부실해지면 하루 종일 잠도 자지 않고 지껄인다. 밤중에도 전화해서 밤새도록 이야기를 해댄다. 그리고 낮에는 수업을 못하고 엎드려 잔다. 교육계에는 이렇게 정신이 부실한 교사들이 더러 있다. 지나친 온정주의가 이런 사람들이 교단에 서게 만든다.

辛卯와 합하니 남편이 辛卯생인데 辛이 무근하고 힘이 없어 고개 숙인 남자다. 그 핑계로 이 여성은 남편이 알 정도로 내놓고 바람을 피운다. 남편도 그걸 알지만 이혼하면 체면도 구겨지고 자식들 문제도 있고 재산도 분할해야 하니까 모른 체 참고 산다. 남편은 돈에 지독한 사람이다. 아들이 둘인데 설기가 시원찮아 현달하지 못하다.

사주에 양인이 많고 卯가 급각살인데 년간에 발동되어 있다. 甲은 인체에서 근골, 간, 정신력인데 甲이 旺火에 타고 있다. 그래서 정신력이 부실하고 다리를 절게 되었다. 己대운 4살 丁酉년 소아마비로 다리를 절게 되었다. 자존심 강한 사주가 그 일로 너무 골 똘하다 16세 己酉년에 甲이 합거되고 卯酉충이 수옥충이고 기신 인 金이 강해져 다리 수술 끝에 충격을 받아 정신이 부실해졌다. 굳이 그런 일이 아니라도 염상격처럼 불이 너무 많은 사주는 정서 불안자가 꽤 많다. 충격을 받은 초여름이 오면 해마다 발병하며 가을이 오면 저절로 낫는다.

　庚은 부친이고 甲은 부친의 肝인데 부친이 술병인 간 질환으로 50세 초반에 단명하셨다. 모친인 乙도 旺火에 타서 60세 즈음에 단명하셨다.

　子가 허충되어 오고 설기할 土가 필요하니 초등 교사다. 戊辰 己巳 대운은 火氣를 잘 수습하여 성적이 뛰어나 명문 여고를 졸업하고 교대까지 갈 수 있었다. 다리에 장애가 있었는데도 용케 들키지 않고 진학을 했다가 나중에 드러나서 교수회의 끝에 입학을 인정하기로 했다. 운이 좋아서 된 일이다.

　丁대운 - 약한 金이 극되어 부친이 간질환으로 별세했다. 甲은 부친인 庚에서 보면 간인데 술병으로 돌아가셨다. 庚이 불 위에서 너무 뜨거우니 술을 찾을 수밖에 없다. 가세가 기울고 고생스러운 세월이었다. 丁대운은 도화살이 발동되고 일지에서도 올라오니 중매로 결혼했다. 앞의 辰대운에는 辰 중에 癸가 있어 이성 교제가 있었으나 남자가 자살을 해버렸다.

　丙寅 丁卯 대운은 큰 탈 없이 지나갔다. 丁대운말에 합신인 辛이 극되어 부부 불화가 극심하여 이혼의 위기가 지나갔다. 그 후

남편은 밖으로만 돌고 있다. 집에 있으면 보채니 밖으로 돈다. 힘이 없으니까.

乙대운 己卯년에 명퇴를 했다. 근무하는 학교마다 말썽이고 늘 불안한 심정으로 근무하다 己卯년이 상관운이라 퇴직했다.

丑대운 - 상관이라 성욕의 분출이다. 더구나 丑은 허충해 오는 子를 오래 붙들어주는 운이라 궁합은 잘 맞지만 格이 떨어지는 어느 남자와 오래도록 사귀게 되어 돈이 많이 새나갔다. 그러면서도 다른 남자를 겹쳐서 만났다. 丑午귀문이 드는 대운이라 정신력이 더 부실해지지나 않을까 염려했으나 뜻밖에도 丑대운에는 정신력이 더 강해지고 발병하지 않았다. 성욕도 시원하게 해소되고 旺한 불길을 수습했기 때문인 것 같다.

甲子대운 _ 甲이 홍염살의 발동이고 년간의 甲도 동하니 나이가 들었지만 여전히 바람을 피우고 있을 것이다.

子대운은 불길하다. 진실되는 운이고 왕신을 충극하는 운이라 부부가 다 혈압이나 중풍 등을 조심해야 한다. 사고가 날 수도 있다. 수옥살까지 충해온다. 子午충은 혈압이나 다리 부상 등이 잦은 운이다.

子가 진실되니 남편이 퇴직할 운이고 남자들이 다 떨어져 나가는 운이며 또 남자 찾아 헤매야한다. 부부 중에 한 사람은 終命할 수도 있다.

사주에 양인이 너무 많으면 몸이 약하거나 불구가 되기 쉽다. 칼을 너무 많이 차고 있으면 어느 순간에는 내 몸도 베일 수 있다.

사주에 午가 많아서인지 코가 말코이고 말처럼 성욕도 강하다. 대식가이기도 하다. 여성 상위를 좋아하며 情事할 때 말처럼 소리를 내지르는 사람도 많다고 한다. 고집이 엄청나게 세다.

기질이 아주 강하나 겉으로는 잘 드러내지 않는다. 좋게 말하면 외유내강이고 나쁘게 말하면 엉큼하다고 할 수 있다. 원래 겁재가 많으면 이중적인 면이 많고 시샘이 많다.

사주에 불이 많아도 午가 陰火라 촛불과 같은지라 추위를 아주 많이 타고 더위는 절대로 타지 않는다. 땀을 흘리는 일이 거의 없다. 술을 아주 잘 마시고 주량이 세다. 소주 몇 병을 마셔도 절대로 취하지 않는다.

庚이 기신이고 불에 녹아내리니 부친이 단명하셨고 시모님과 갈등이 심했다.

午가 세 개 더 있으니 형제는 나까지 4남매다. 많은 불 속에서 홀로 솟으니 군계일학이라 형제나 또래 중에서 특출한 면이 있어 형제 중에서 가장 영리하고 인물도 좋다. 사는 것도 가장 여유가 있다. 그래서 제 잘난 맛에 산다. 공주병이 있고 아주 이기적이다. 정상적일 때는 속내를 절대로 드러내지 않는다. 정신이 부실할 때에도 숨길 것은 절대로 말하지 않는다. 정신력이 아주 강한 면도 있는데 왜 정신분열증과 조울증이 있는지 이해가 안 된다.

乙丑대운에 굿을 한 적이 있다. 죽은 부모와 애인을 달래는 굿이다. 무속인을 찾아가서 자신의 정신을 맑게 하는 굿을 했지만 정신은 여전히 부실했다. 丑대운에 정신이 많이 좋아졌지만 그 후로 도로아미타불이었을 것이다. 몸에 장애가 있는 사람들이 性에 집착하는 경우를 많이 봤다. 보상 심리의 일종인 것 같다.

```
辛 辛 丙 壬          庚 辛 壬 癸 甲 乙
卯 巳 午 寅 여자      子 丑 寅 卯 辰 巳 大運
```

일간은 무근하고 壬이 약해 식상제살도 안 된다. 火로 종하니 종살격이다. 일지에서 솟은 丙이 体가 되니 일간대행격이다. 지지에 火局이 있어 기질이 아주 강하나 겉으로는 부드럽고 여성스러워 보인다. 말투도 나긋나긋, 쫀득쫀득하게 말한다. 일간이 아주 旺한 사람들이 이런 성격이나 말투를 가지는 성향이 많다. 이런 말투를 지니고 비겁이 旺한 사람들이 이외로 성질이 더럽고 이중적인 면이 많다.

이글거리는 나 태양이 설기가 필요한데 설기구가 시원치 못하다. 지지에는 燥土만 깔리고 합신인 辛은 무근하고 강한 일간에 합거될 뿐이다. 辛이 남편인데 결혼하기 전에는 전도가 양양한 예술학도였으나 결혼 후 세월이 지나면서 점점 무기력해지고 되는 일이 없다. 더구나 남편이 性的으로 대단한 능력과 테크닉을 지녔었는데 이 여성이 性에 눈을 뜨고 난 후에 갑자기 性不能이 되어버렸다.

설기가 제대로 안되니 머릿속에는 오직 그 생각뿐이다. 그래서 이 여성은 희대의 色女로 변신해 버렸다. 나이트클럽에 가서 뭇 남성들을 유혹해서 즐기는데 항상 서너 명의 남자들과 사귄다. 사흘이 멀다 하고 바꾸는데 아마도 300명은 훨씬 넘었을 것이다. 한때는 단골이었는데 오면 섹스할 때의 상황을 자세히 말하며 자랑한다. 그만큼 색정이 강하고 자기는 인생 목표가 오직 그것이라고 한다. "이 놈은 이 맛이고 저 놈은 저 맛이더군요." 하던 목소리가 지금도 귀에 쟁쟁하다.

자기 모친에게 애인이 있다고 얘기하니 "나도 그런 욕망이 없었던 것은 아니나 용기 없어 못 해봤으니 너라도 잘 해봐라."고 하더라고 자랑스럽게 말하는 걸 보며 나는 어안이 벙벙해져 할 말을 잃었다. 갑자기 모든 가치관이 다 허물어져 버리는 것 같았다. 이 여성에게 손위로 동서가 둘 있는데 둘 다 바람을 피우고 있다고 했다. 만약 셋 중 하나가 외박을 하게 되면 서로 자기 집에서 잤다고 감싸준다고 한다. 귀를 씻고 싶은 이야기들이다.

從殺格이고 설기가 필요하니 초등교사다. 癸대운에 2년 정도 근무하다 유학 가는 남편 따라 외국에 가느라고 사직했다. 卯대운말에 귀국했으나 남편이 옳은 직장이 없어 寅대운까지 어렵게 살았다. 丙대운 말에는 寅이 丙의 장생지라 복직하여 학교에 근무하게 되었다. 놀고 있던 시절에도 청춘사업은 활발했다.

乙巳 甲 대운에는 평범하고 성적도 좋지 않았다. 친정도 넉넉지 않았다.

辰대운 - 왕한 불이 설기되어 좋은 운이다. 먼 지방의 교대에 합격했다. 그때부터 이성에 일찍 눈을 떠 남자가 여럿 생겼다.

癸대운 - 丙에서는 정관운이니 발령을 받고 2년 남짓 근무했다. 결혼도 했다. 비교적 조혼이다.

卯대운부터 壬寅 대운까지는 더욱 신왕해지고 설기가 안 되어 금전적으로 어려워 고생했고 부부가 각기 자기의 부모 집에서 얹혀 살았다.

辛丑대운 - 辛이 丑위에 있어 강하니 丙에 합거되지 않고 서로 빛이 난다. 좋아지는 운이라 복직이 되고 남편도 호전되는 운이다.

원래의 일간인 辛이 녹아서 형체가 찌그러지는 형국이라 용모는 추한 편이다. 그래도 남자가 잘 붙는다. 色氣가 자르르 흘러 보인다.

설기가 시원찮으니 하나 있는 아들이 용모도 추하고 아둔하다.

```
                          44
庚 乙 戊 甲          壬 癸 甲 乙 丙 丁
辰 未 辰 辰 여자      戌 亥 子 丑 寅 卯 大運
```

乙庚合化金格이다. 庚이 일간대행이 된다. 庚이 체가 되면 乙은 배우자다. 아내 같은 남편이라 양에 안 차고 년간에 甲이 있으니 애인이다.

乙이 배우자라 乙대운에 결혼했다. 丑대운에 일지를 충하니 부부 갈등이 시작됐다. 土운이라 금전운도 나쁘고 갑갑한 세월이다.

土金이 강하여 설기가 필요하나 물은 다 입고되어 답답한 인생이고 머릿속은 온통 배설 욕구로 가득하고 성욕은 엄청나다. 水가 필요해 활동해야 하는 사주며 자영업을 하고 있다. 사주에 土가 많아 신앙심은 돈독하고 미신도 좋아한다. 천주교 신자이다.

土가 많은 것이 病이니 피부가 좋지 못하다. 土多라서 그런지 피부가 지나치게 두껍고 검고 누런색이다.

甲대운부터 돈 욕심이 나서 사업을 시작했다. 그 전에는 돈놀이를 했었다. 甲子 癸亥 壬대운까지 왕성하게 활동할 운이다. 돈을 많이 만지나 실속이 적고 모이지 않는다.

子대운은 庚에서는 상관운이라 남편이 싫어지고 불화가 잦다. 별거와 이혼의 위기가 따랐다. 성욕이 분출되는 운이라 애인도 여럿 스치고 있으며 돈 벌어 남자 밑에 다 쏟다. 자식도 안중에 없다. 물이 부족하고 입고되니 자식 애로가 많고 현달하지 못하고 애물단지다.

성욕을 주체할 길이 없어 택시를 타고 가다가 택시 기사를 꼬여서 관계를 맺은 적도 있다. 사납금과 용돈까지 줘가면서.

				59							
丁	己	己	辛		壬	癸	甲	乙	丙	丁	戊
卯	卯	亥	卯 남자		辰	巳	午	未	申	酉	戌 大運

亥卯未 木局으로 일간 己는 완전히 무근하다. 丁이 약해 살중용인격이 아니고 종살격이다. 용신은 丁이다. 용신구실이 제대로 안 되는 미약한 편인이 있을 경우에는 용모가 추하고 신체가 왜소할 때가 많다.

木이 体다. 旺木이 설기구가 작다. 木에서는 丁이 식신이라 성욕의 분출인데 丁의 구실이 미흡하다보니 자꾸 色을 밝히고 음란하기 그지없다. 교사인데도 입만 벌리면 입에 못 담을 음담패설이 쏟아진다. 지지에 도화살이 가득하니 색광이다. 술도 고래처럼 마셨다.

종살격이고 편인이 용신이라 초등 교사다.

木에서 보면 己가 처다. 재혼지명이고 바람을 피운 여자는 부지기수다.

종하기 전의 상황으로 보면 卯가 셋이고 亥 중의 甲이 하나인데 본처 소생의 1남 1녀가 있고 첩이 데리고 온 아들이 둘이다. 亥가 卯를 낳은 후 死地로 가는 형상이라 두 자식을 얻은 후 이 남자가 바람이 나서 미쳐 날뛰는 바람에 이혼을 했다. 옆 반 과부 학부모와 눈이 맞아 30년이 다 되어가도록 같이 살고 있다. 물론 바람은 끊이지 않는다.

亥는 부친이라 己와 두 번 합하니 부친이 재혼했다. 월간의 己는 부친의 첫 부인인데 木局에 극되어 일찍 죽었고 일간인 己는 나의 생모이며 부친의 후처다. 미약하나마 丁의 생조를 받아 79세까지 살았다.

종한 후의 경우로 보면 木局이 강하여 배다른 형제가 넷 있다.

木은 왕한데 土는 약하니 나나 형제들이 사는 것이 어렵고 단명한 형제가 셋이고 중병에 걸려있는 형제도 있다. 이 남자도 술을 많이 마신 끝에 소화기가 나쁘다. 위가 천공이 될 지경에 이르렀다.

초년 戊戌대운은 종살격에 역하는 운이라 극빈한 환경에서 자랐다.

丁대운에 용신운이라 못 갈 줄 알았던 교대에 입학하였으나 학생 신분에 사창가를 들락거리다가 가지 않아도 될 군에 제 발로 갔다. 2년제 교대를 8년 만에 졸업했으니 그 행실을 알 만하다. 대운지 酉가 卯와 심하게 극되고 사주전체가 지진이 난 것처럼 요동을 하니 군에 가서도 총기 난동 사건을 벌여 사고병 부대로 옮겨졌다. 바른 판단력이 상실되는 운이고 지극히 위험한 운이다. 왕신을 충극하면 白禍가 일어난다.

丙대운 - 왕목을 설기하니 좋은 운이다. 졸업도 못하고 있다가 학교가 폐교되는 바람에 졸업장을 받고 시골로 발령이 났다. 庚申년에 결혼도 했으나 辛酉년까지 심한 불화가 있었다. 대운은 좋지만 세운이 나쁘다. 辛酉년에 왕신충극하니 불화가 심했고 처가 복직하는 바람에 직업상 별거를 했다. 이 대운 중에 아들과 딸을 낳았다.

申대운 - 旺神과 상극되고 귀문살이 중중하니 갑자기 미친 것처럼 모든 분별력이 상실되고 주벽과 폭행, 폭언이 더 심해졌다. 이혼하지 않겠다고 참고 버티는 본처와 이혼하기 위해 본처의 여동생(처제)을 강간하려다 미수에 그친 일도 있었다.

甲子년에 바람이 나서 미친 짓을 수없이 해대다가 丙寅년 들자 바로 이혼을 했다. 亥가 寅을 만나 破가 된 것이다.

甲대운까지 곤궁했고 언행이 사납고 음담패설이 잦았으나 午대운부터 갑자기 언행이 부드러워지고 사는 형편도 많이 좋아졌다. 용신이 강해지는 운이다.

癸대운 - 丁이 극되니 좋지 못한 운이나 癸가 힘이 약해서 그나마 다행이다. 명퇴를 했고 헬스클럽을 차렸다. 癸가 기신이고 재성이니 어떤 형태로든 돈이 줄줄 새나갈 것이다. 壬辰년이 나쁘고 壬辰대운이 아주 나쁘다. 돈과 몸이 깨질 것이다.

```
戊 丙 辛 辛        戊 丁 丙 乙 甲 癸 壬
戌 午 卯 卯 여자   戌 亥 子 丑 寅 卯 辰  大運
```

늦도록 꽃뱀 짓을 하며 살아가고 있는 여성이다.

신왕하니 戊戌로 설기해야 하고 戊戌은 午戌합이 있어 燥土가 되니 설기가 시원하지 않다. 배설 욕구가 강해질 수밖에 없다. 丙辛합으로 일간이 도화로 합해가고 지지에 도화살이 중중하며 卯戌의 합까지 많아 음란지명이다. 色狂이다. 환갑인 나이에도 생리를 한다고 자랑한다. 피임약을 먹으면 늦도록 생리를 할 수 있다면서. 몸을 버리면서까지 그 짓에 탐닉하고 있다. 필자의 이웃에 살고 있는 여성이다.

辛은 합신이니 배우자이고 戌 자식궁에서 올라와 자식도 된다. 辛은 절지에 앉고 그 뿌리가 있는 戌은 午戌로 합하여 戌 중의 辛이 다 녹아 쓸모없으니 辛은 강렬한 丙火에 의해 쉽게 합거된다. 두 번 이혼 후 꽃뱀으로 나섰다.

辛은 자식인데 두 번 결혼해서 낳은 네 자식 중 둘이 죽었고 하나는 정신지체 장애인이다. 성한 것은 막내아들뿐이다. 아들이 미혼이지만 모친과 한 집에 살지 않고 장애가 있는 누이를 돌보고 있다.

이 여성은 혼자 살고 있지만 자식들 뒷바라지는 전혀 관심이 없고 오직 자신의 그 위대한 능력 발휘에만 힘을 쏟고 있다. 남자들한테서 돈을 뜯어 집도 사고 생활도 하고 있다. 나이는 많아도 얼굴은 젊고 예쁘다. 성적 테크닉이 대단하다고 본인 스스로 자랑하고 다닌다.

6년간 동거하던 남자와는 己丑년에 헤어졌다. 동거하면서 사흘이 멀다 하고 동네가 다 알도록 싸움질을 하며 툭하면 경찰차를 오게 한다. 더 이상 내놓을 돈이 없어진 이 남자를 떨어지게 하는 방편이다. 수치심은 아예 멀리가고 입만 벌리면 쌍소리고 음담패설이다.

도화살이 많고 卯戌합까지 있어 춘추지합이니 얼굴이 예쁘고 젊어 보인다.

				60					
戊	癸	甲	癸		庚	己	戊	丁	丙	乙
辰	巳	子	巳 여자		午	巳	辰	卯	寅	丑 大運

앞의 辛卯생 남자의 첩 사주다.

년주와 일주가 동일하면 열에 칠팔은 재혼지명이다. 戊가 남편인데 두 개의 巳에 뿌리내리고 있어 역시 재혼지명이다. 戊辰은 백호이고 甲이 노리고 있어 丁卯대운 甲子년 삼십 넘자 마자 사별했다. 뇌혈관 계통의 병으로 남편이 죽었다.

건록격 사주이고 일종의 식상제살격도 되니 색정이 강하고 손재주가 뛰어나다. 식상은 입이고 손이고 자궁이다.

甲이 왕하니 입이 크고 툭 튀어나왔다. 辰巳 지라살이 있어 분별력이 없고 숨을 쉴 때마다 거짓말이다. 잔머리를 잘 굴리고 계교가 깊다.

丑대운 - 戊의 천을귀인이라 남자들이 많이 따랐다. 행실이 나빴다.

丙대운 - 부부궁인 巳에서 올라오니 20세 전후 조혼을 했다. 甲이 寅에 뿌리를 내리니 두 아들을 낳았다. 寅巳刑이 부부궁에 드니 부부 갈등이 잦고 남편이 병들었다. 가난했다.

丁卯대운 - 甲이 양인을 얻어 戊를 노리는 중에 甲子년을 만나 卯월에 남편이 자다가 갑자기 죽었다. 상관이 왕해지는 운이라 남편이 죽자 한 달 만에 바로 바람이 났다. 이 남자 저 남자 닥치는 대로 관계를 맺었다. 서너 달 만에 옆 반 남자 교사와 合情하고 친정부친이 그 남자 교사를 협박하여 그 가정을 깨고 丙寅년에 동거를 시작했다.

庚午대운 - 甲子를 천지충하니 자식의 횡액이 있을 것이고 돈이 줄줄 샐 것이다. 祿이 충되니 나쁜 운이다.

```
丙 乙 丙 乙        壬 辛 庚 己 戊 丁
戌 巳 戌 未 여자    辰 卯 寅 丑 子 亥 大運
```

乙은 무근하고 戌未刑으로 완전히 뿌리가 뽑혔다. 일지에서 솟은 丙을 체로 하는 종아격이자 일간대행격이다. 여명 종아격은 남편 운이 나쁜 경우가 많지만 이 사주의 남편은 戌 중의 辛이라 남편 복이 좋은 편이다. 辛이 투간되지만 않으면 크게 나쁘지 않다.

남편은 戌 중에 있어 말수가 적고 약간 우울해 보이는 형이며 그 속을 알 수가 없다. 그 남편의 사주도 土多埋金이다. 戌이 희신이라 아들 둘 다 의사다. 딸은 평범하다.

辛이 투출되는 辛대운에 남편에게 직업상 애로와 퇴직이 있었고 많은 고통이 있었다. 남편이 아프기도 했다.

丙이 체가 되면 아주 신강해지고 쌍귀문이 있어 색정이 강하고 테크닉이 좋다. 亥대운 17, 18살에 이미 남학생을 사귀어 섹스를 즐겼다고 한다. 亥대운은 종격에 역하는 인수운이고 일지를 치니 분별력이 상실되고 육체적으로 심한 충동을 느끼게 된다.

쌍귀문이 있어 매우 예민하며 서른도 채 되기 전에 신경성 병이 색정을 다 풀 수 없고 바람을 피울 수도 없어 그걸 참다 보니 병이 났다.

庚은 부친이고 시모님인데 귀문 원진에 걸리다 보니 부친을 몹시 두려워하고(부친이 폭군임) 고부 갈등이 심해 신경성 병이 오기도 했다.

년지 속이 丁이 남동생인데 년월주가 모두 백호이고 형살을 받아 다리를 전다. 火가 모두 여섯이니 배다른 여동생까지 6남매의 맏이다.

丙이 체고 부친의 표출신도 되니 아버지도 아주 색정이 강해 어린 시절부터 바람이 심하고 작첩해서 딸까지 하나 낳았다.

```
                    11
癸 戊 癸 癸        丁 丙 乙
亥 辰 亥 亥 여자    卯 寅 丑 大運
```

종재격이다. 辰이 기신이다. 간합이 겹치니 일간이 혼란스럽다. 辰亥 귀문이 중중하니 분별력이 부족하다. 정신병이나 神氣가 올 수도 있다.

旺한 물을 설기시켜야 하니 머릿속에는 오직 그 생각뿐. 丑대운 어린 나이에 관성인 戊의 뿌리가 되고 귀인이 되는 운에 가출하여 남자들과 무수히 성관계를 가지며 부모의 속을 태웠다.

Ⅲ. 성욕에 눈이 먼 사람들

공부는 뒷전이고 물질과 육체적인 쾌락만을 좇는다. 원래의 일간인 戊에서 보면 癸는 남자이고 돈이다. 돈을 합하기 위해서는 동서남북을 가리지 않는다. 돈만 되면 어느 남자라도 합할 수 있다. 결혼도 여러 번 할 것이나 해로하기는 어렵다.

서른이 된 지금은 일본의 술집에 가 있다. 한습한 사주니 따뜻한 남쪽 나라로 간 것이다.

```
己 辛 癸 甲        丁 戊 己 庚 辛 壬
丑 未 酉 辰 여자    卯 辰 巳 午 未 申 大運
```

신왕하니 癸가 용신이다. 8월의 酉金이 존명하기에 바빠 生水가 어려우나 辰酉로 합하니 쓸 수 있다. 辰酉로 합하여 生水하고자 하니 형제의 우애는 좋다. 그리고 다른 사람의 덕을 보려고 하고 이용하려는 심리가 강하다.

辛은 土多함을 싫어하는데 土가 많아 친정으로 인한 고통이 크고 친정 때문에 희생이 크다. 부모형제가 다 뜯어가고 모두 가난하다.

식신생재의 사주고 己가 용신의 病인데 甲은 멀리서나마 己를 견제하니 미약하나마 藥이 된다. 그래서 돈에 목숨 거는 형이다. 甲은 癸의 生을 받지만 辰酉로 합한 자갈밭에 뿌리내리지 못하니 큰돈이 없다.

일지에서 올라간 己는 나의 표출신이고 편인이라 아주 잔머리를 굴리며 인색하기 짝이 없다. 만 원짜리 한 장 새지를 않는다. 그런데도 돈은 모이지 않는다. 돈이란 원래 써야 들어오는 법이다.

일지의 己와 합하는 甲이 남편이다. 財星이 남편이니 남자를 선택할 때 돈이 기준이 된다. 甲이 일간과는 멀고 뿌리가 약한 남편이라 실속 없는 남자만 걸려든다. 甲이 첫 남편이고 辰에서 올라온 癸는 그와의 사이에서 낳은 아들이다. 아들이 하나 있다.

辰酉로 합하니 자식이 첫 남편과 합하는 형국이라 이 여성이 재혼할 때 이 아들을 데리고 갔으나 두 번째 이혼할 후에는 첫 남편에게 자식을 데려다 주어 지금은 첫 남편이 아들을 데리고 있다.

남편인 甲辰과 일주와는 3급 소용돌이까지 있어 평생 남편 복이 없는 사주이다. 일지는 甲을 입고시키니 남편을 번성시키기는커녕 파멸시키는 형이다. 흔히 말하는 팜므파탈적인 여자다. 그래도 이 여성은 포기하지 않는다. 언젠가는 돈 많은 남자가 생겨서 호강하며 살리라 하는 헛된 믿음이 있다.

첫 남편은 시골 부잣집의 장남이었으나 평생 별무직업으로 재산을 다 날렸다. 이혼한 후 첫 남편도 중풍이 왔으나 헤어진 후 차츰 풀리고 평생 못 만져보던 돈도 제법 모았다고 한다.

지지에 숨어 있는 乙들은 풀뿌리처럼 쓸모없는 남편들이다. 두 번 이혼하고 세 번째 남자와의 동거도 깨지고 지금 네 번째 남자와 동거 중인데 그 남자가 갑자기 중풍이 왔다.

食神生財하는 사주라 손이나 입으로 먹고 산다. 오랫동안 미용인이었으나 그 후 식당을 경영했고 지금은 보험영업을 하고 있다.

甲은 부친이고 己는 모친이며 土가 많아 부친이 바람둥이다. 허약한 甲이라 부친이 무능했으며 모친이 남의 허드렛일을 해주며 가난하게 살았다. 그래서 더욱 돈에 인색한지도 모른다.

酉가 도화 홍염이고 癸는 여기에서 생조를 받으니 부친을 닮아 이 여성도 色이 강하고 술을 좋아한다. 숱한 남자를 스쳤다. 산에서 만나면 산에서 자고 들에서 만나면 들에서 잔다. 남편들도 대부분 나이트클럽에서 만났다. 남자들이 조금만 돈 있는 척을 해도 아주 쉽게 속아 넘어간다. 평소엔 그렇게 영악한데 남자들에게는 아주 쉽게 솟는다. 속담처럼 약은 강아지 밤눈 어두운 형국이다.

홀로 우뚝 솟은 辛이라 맏이며 맏이 역할을 잘 하고 있다. 군계일학이라 형제 중에서는 가장 야무지고 쓸 만하다. 잘난 체를 많이 한다. 공주병이 있다.

편인이 강해 자식궁에 해롭다. 재혼한 후 재혼 남편의 아들이 바로 정서장애가 오더니 중학교 들어가자마자 아파트에서 투신자살을 했다. 이 여성의 아들은 아버지에게 가는 바람에 이런 화를 면했는지도 모른다.

辰은 월지의 酉와 육합하니 자매의 남편이다. 辰酉로 합하여 사지로 가니 辰 중의 乙과 戊가 다 쓸모가 없어진다. 자매가 세 명 더 있는데 한 자매는 음란함을 주체하지 못해 이혼을 당했고, 한 자매는 남편이 폐결핵으로 언제 사별할지 모르고, 나머지 자매의 남편은 무능하다.

午대운 - 土가 더 강해지니 불화와 별거가 시작되고 대운말에 아들을 데리고 나와 이혼을 했다.

巳대운 - 일간의 합신인 巳 중 丙이 나 거울 辛을 빛내줄 것 같아서 필자의 강력한 반대를 뿌리치고 재혼했다. 돈이 많을 줄 알고 결혼했으나 이 여성의 돈만 녹았다.

丁卯대운 - 丁이 일간을 극하는 편관칠살이고 卯는 건록인 酉를 친다. 많은 고통이 예상되며 終命할 수도 있다.

```
辛  戊  壬  壬
酉  寅  子  子  남자
```

寅은 酉에 겁살되고 浮木이 되어 일간의 뿌리가 되지 못한다. 水가 왕하니 水로 종한다. 종재격이고 壬이 体가 되는 일간대행격이다. 壬에서는 子가 양인이니 성질이 강하고 에너지도 넘친다.

旺水는 설기를 해야 하고 조후도 필요해 寅이 용신이다. 水가 왕하니 寅도 따라서 흐른다. 역마의 식신이라 보험설계사다. 戊는 약하고 종격에 역하니 직장생활에 적응하지 못한다. 얽매이지 않고 흘러 다니는 영업이 적격이다.

酉와 子 두 도화살이 모두 천간으로 발동하고 조후가 약하다 보니 여자를 몹시 밝힌다. 바람둥이며 색광이다.

귀문살도 모두 발동되어 예민하고 미신을 몹시 좋아한다.

己丑年- 흙탕물을 일으키는 것이 己 관성이라 직업상 애로가 많고 영업이 부진하다. 무당을 찾아가 굿을 했으나 여전히 갑갑하다고 하소연한다.

32

| 丙 甲 辛 癸 | 戊 丁 丙 乙 甲 癸 壬 |
| 子 午 酉 未 여자 | 辰 卯 寅 丑 子 亥 戌 大運 |

甲午일주 여성은 대체로 허영심이 강하다. 더구나 丙으로 투간하면 더 심하다. 子午충으로 도화 홍염을 발동시키니 충동적이고 死地에 놓인 입이 투간되어 '죽어도'를 입에 달고 있다.

甲은 무근하니 종해야 하는데 辛으로 종할지 丙으로 종할지 혼란스러우나 일지에서 올라간 丙으로 종한다. 자신의 표출신이자 일간대행인 丙은 辛을 만나 빛을 내고싶다.

남편인 癸나 子는 멀고 충받아 인연이 나쁘고 합신인 辛酉는 나를 빛내준다. 결혼 후 세 아들을 낳고 살았는데 허영심이 강하고 충동적인 이 여성은 애 낳고 살림이나 하는 생활을 견딜 수가 없었다. 본인말로는 "아침에 해만 딱 뜨면 집에 있을 수가 없다. 집에 있으면 머리가 깨질 듯이 아팠다."라고 말했다. 그래서 막 밖으로 돌아다녔다고 하니 자기의 허영심을 채워 줄 남자들을 찾아 바람을 피우고 다녔을 것이다. 그러자 남편이 의처증이 생겨 가혹한 매질이 이어졌고 결국 자식을 다 버리고 이혼했다.

丑대운 38살에 이혼했다. 子丑으로 합하니 子午충이 일어나는 충중봉 합의 운을 만나 부부궁이 깨지고 말았다. 집을 나와 화장품 행상 등을 하다가 처녀 때 자기를 쫓아다니던 남자를 다시 만났다. 그 남자는 작은 철공소를 하고 있던 남잔데 이 여성과 살림을 차리면서부터 갑자기 불이 일 듯 일어나 세월이 흐른 후 큰 레미콘 회사의 회장이 되었다. 丙午와 辛酉가 만나니 무지개가 선 것이다.

이 여성이 丙寅 丁卯 대운을 보내는 동안 이 남성이 크게 일어나고 덩달아 첩인 이 여성도 호강을 누리며 돈을 제법 모았다. 해외여행을 다니고 골프를 치며 도끼자루 썩는 줄 모르는 동안에 버리고 나온 세 아들은 비참한 세월 속에 어머니를 원망하며 고생 끝에 제대로 풀린 사람이 없다. 丙寅 丁卯 대운은 약한 丙을 도우는 木火운이라 크게 발전할 수 있었다.

戊辰 대운이 오자 크고 작은 질병들이 오고 내연남의 사업도 갑갑해지고 이 여성도 돈이 많이 새나갔다. 戊辰이 丙에서는 자식이라 큰아들이 찾아와서 수차례 돈을 뜯어갔다. 자식 때문에 맥 빠지는 운이다.

도화 홍염살이 발동한 것이 자신의 표출신이고 보니 얼굴이 예쁘고 학생 시절부터 남학생들이 많이 달라붙었다. 60이 넘은 나이에도 배꼽에 보석을 다는 수술을 하고 에어로빅을 하며 온몸을 흔들어댄다. 子午충은 말이 펄쩍펄쩍 뛰는 형상이라 춤이나 운동에 푹 빠져 있다.

Ⅳ.
위선적이고 탐욕이 많은 사람들

위선적이고 탐욕이 많은 사람들

```
                         54
庚 辛 甲 乙        辛 庚 己 戊 丁 丙 乙
寅 酉 申 未 여자   卯 寅 丑 子 亥 戌 酉 大運
```

　신강하고 정재파격이라 財는 용신이 될 수 없고 시지 寅 중 丙이 용신이다. 寅에 천을귀인까지 있어 귀한 寅이나 酉가 겁살하고 申이 노리고 있어 酉가 합충될 때에는 불길하다. 酉는 丙의 死地이기도 하다.

　水가 투출되지 못해 아쉽다. 金木이 상쟁하는 사주라 水운이 좋다. 丁亥 戊子 대운에 순탄하게 살았다.

　성격 - 신강하니 신중하고 水가 없어 말수는 적은 편이라 충동을 느끼면 함부로 하는 경향이 있다. 입이 무겁다. 일지에서 겁재가 투간하니 속으로 시기심이 아주 많다. 따라서 열등감도 많이 지니고 있다. 속을 잘 알 수 없는 성격이고 이중성을 띠고 있다. 속내를 드러내지 않으려고 무척 노력한다. 사주에 비겁이 많고 특히 일지에서 겁재가 투출한 경우 이중인격자가 많다.

水가 필요하고 寅 중의 丙이 귀한 관이며 천을귀인에 임하고 있어 고교 어학 계통의 교사다. 공부를 잘 못했는데도 丁亥대운에 운 좋게 그 길로 나갈 수 있었다. 아주 요행한 일이다.

형제성이 기신이라 형제들이 잘 풀리지 않고 단명한 형제까지 있으나 우애는 각별하다. 일지에서 올라간 겁재라 형제와는 한 몸이라고 생각하는 유형의 사람이다.

오빠 하나에 자신을 포함하여 딸이 넷이고 배다른 남동생과 여동생이 하나씩 있다. 년월주에 1급 태풍 있고 오빠인 庚이 절지에 있고 甲이 절신발동되어 丙戌대운 乙卯년 차사고로 오빠가 횡사했다. 丙戌대운은 庚이 극되고 있는 중 乙卯년을 만나 庚이 합거되어 그런 비극이 일어났다. 년월주에서 비겁이 일주와 합해오거나 시주에 겁재와 정재가 同柱해도 이복형제가 있다. 형제 중에 정신지체장애인도 있고 결혼 못한 독신녀도 있고 모두 사는 것이 고달프다.

庚이 이 여성의 표출신이고 지지에 많은 金들을 깔고 있어 형제 중에서 형편이 가장 낫다. 일종의 군계일학인 셈이니 터무니없는 우월감과 열등감을 동시에 지니고 있다. 여러 면에서 양면성을 지니고 있다.

甲이 부친인데 년지의 己와 합하고 있고 시지에도 戊土가 있는데 년지의 未토가 부친의 첩이고 寅 중의 戊가 생모이다. 戊 다음에 己라서 모친이 부친의 첫 부인이고 未 중의 己는 부친의 첩이다. 寅 중 戊는 재살에 있고 천을귀인이라 모친 덕이 많다. 부친

덕은 아예 없다. 모친이 자식들을 키우고 시부모를 모시고 살았다. 나와 형제들을 유복하게 키운 현명한 모친이다. 년월주에 1급 태풍이 있어 일주와 인연이 닿지 않으니 未 중 己土는 생모가 아니다.

부친인 甲은 절지에 앉았고 庚이 절신발동으로 나타나 막내 여동생이 태어나자 이내 부친이 바람이 나서 처자식을 다 버리고 집을 나갔다. 그러지 않았다면 아마도 단명했을지도 모른다. 어차피 부친과는 인연이 길지 못하다. 부친이 60살을 조금 넘기고 단명하셨다.

庚은 천간의 양인이고 나의 표출신이다. 내 표출신인 庚에서 보면 내 일지가 또 양인인 셈이다. 부모가 다 대대로 내려오는 백정 집안이다. 모친이 푸줏간을 운영하여 시부모와 자녀들을 부양했다. 현명하고 예의범절을 가리는 모친이다.

남편은 寅 중의 丙火라 만혼했다. 亥대운 29살에 친구의 소개로 만나 한 일 년 우여곡절을 겪다가 아주 어렵게 결혼했다. 결혼 1주일 전에 신랑 될 사람이 결혼 안 하겠다고 집을 나가버려 큰 고통을 받았다.

관성이 약하니 그런 일이 일어났다. 천을귀인의 남편이라 대단한 미남이고 키고 아주 크다. 이 여성은 설기가 안 되어 키도 작고 피부도 검은 별 볼품이 없는 용모지만 자기가 대단히 예쁘다고 생각하고 그렇게 말하기도 한다. 祿도화가 들었다고 다 미인이라고 할 수는 없는 것 같다. 물이 적어 녹슨 물이 흐르니 피부가 검고 고지혈증으로 혈관 뚫는 수술도 받았다.

甲은 남편의 표출신이라 甲午생을 만났다. 午는 귀인이라 박도사의 진여비결에 나오는 貴人獨行 同伴定配에 해당한다.

甲은 절지에 앉고 절신발동한 것이 이 여성이 표출신이라 결혼 후 바로 직업상 별거를 10년 넘게 했고 庚辛金의 극이 심해서 남편이 풀리지 못하고 있다. 亥대운과 戊子대운에는 水氣가 있어 사주가 유통되니 남편이 서울에서 국회의원 보좌관을 했으나 丙子년 국회의원 출마를 하려다가 관재가 생겨 벌금형을 받았고 그 이후 뚜렷한 직업이 없이 반백수로 지내며 정치 브로커처럼 가끔 검은 돈을 한 뭉치씩 가지고 온다. 庚寅대운에는 남편 운이 불길하다. 천을귀인은 충을 아주 싫어한다. 양인살인 酉에 의해 겁살까지 당하는 운이다.

乙이 시누이인데 백호살 맞으며 1급 태풍이 있고 멀리서 庚辛金이 노리니 소아마비로 다리를 전다.

자식은 申 중의 壬인데 아들이다. 亥대운에 아들을 낳고 子대운 37살 늦은 나이에 늦둥이 딸을 더 낳았다. 녹슨 물이라 자식들이 현달하지 못하다.

乙酉대운 - 신강한 사주에 거듭 비겁운을 만나니 부친과 생이별하고 어쩌다 한 번씩 얼굴을 볼 수 있었다. 부친이 가족을 돌보지 않고 첩살림을 하며 이복동생들을 낳았다. 비견운이니. 모친이 장사를 했으나 집안이 넉넉지 못했다.

丙戌대운 - 丙火가 투출되어 어머니가 돈을 잘 벌게 되고 성적도 올라 1류 중·고교에 진학하였으나 성적은 좋지 못했다. 戌대운은 더욱 신강해지니 경쟁력이 약해진다. 예비고사에 낙방하여 한 해 재수를 해서 미달되는 지방대학 일어과에 입학을 할 수 있었다. 水가 필요하니 어학과 교육 계통이다.

　丁亥대운 - 丁이 편관이나 비겁을 견제해주니 좋고 해도 사주의 오행을 유통시키니 좋은 세월이다. 어머니가 돈을 써서 시골 사립고교에 들어갔다. 丁이 약해서 결혼은 이루어지지 않았다.

　亥대운이 오자 오행이 유통되고 남편궁인 寅과 亥가 합을 하고 자식궁이 동해서 서른 살 늦은 나이에 어렵게 결혼했다. 그 시절에는 아주 노처녀였다. 우여곡절 끝에 식은 올렸으나 情이 별로 없었다. 남편이 이 여성에게 사랑을 느끼지 못했다. 이 여성은 남편을 무척 좋아했다. 직업상 별거가 시작되었다.

　戊子대운 - 戊는 寅과 申에서 투출되었고 戊가 기신이라 남편이 내게 좋은 역할을 못하는 운이다. 둘 사이에 갈등이 심했고 이혼이 위기가 있었다. 자식을 더 낳아 이혼을 면해보자는 생각에 딸을 하나 더 낳았다. 부부 사이가 아주 좋아졌다. 물론 대운지가 子라서 寅이 살아난 것이다.

　子대운에 남편이 출마하려다 옥고만 치렀다. 그 이후 남편이 지금까지 별 무직업이다. 子가 寅은 살리지만 丙은 약화시킨다.

　己丑대운 - 남편의 표출신인 甲이 己丑에 합거되니 남편이 백수로 논다.

　丑이 년지의 未를 치고 일지 酉가 丑과 반삼합을 하니 寅申충이 유발되어 乙酉년에 모친이 암으로 별세했다. 己丑이 모친이라고 볼 수 있는데 내 얼굴인 辛에 때를 묻히는 역할을 하니 모친 때문에 무척 힘들었다. 甲이 己에 합거되니 모친 때문에 내 재물이 많이 샌다. 치료비로 많이 나갔다. 암보험 하나 들어놓은 것이 없었다.

己丑대운부터 모친이 통 벌이가 시원치 않았다. 대형마트 때문에 식육점이 잘 될 수가 없었다. 그래도 그 대운 丁亥 戊子년에 남편이 또 돈을 가져와 큰 집을 사고 최고급 자동차까지 샀으며 부부가 다 골프를 치러 다닌다. 교사 월급으로는 불가능한 일이다.

이 사주는 원래 丙으로 辛의 光을 내려고 하니 돈이나 남편으로 광을 내고 싶지만 丙이 약하고 지지에 숨어 있어 빛이 잘 안 난다. 매사에 '폼생폼사' 하려는 성품이고 명품이나 비싼 물건으로 과시하려 한다.

旺金을 설기시키거나 극제하려면 火나 水가 필요하나 없으니 여자라도 술을 즐긴다. 술은 물도 되고 불도 되니까.

일지에서 솟은 庚 겁재 탐심이 저 멀리 乙을 합하여 오니 탐심이나 도심이 있고 자신이 그런 행동을 하지 않을 때는 남편이 그런 직업을 갖거나 그런 행동을 하는 경우가 많다. 아주 점잖은 척하면서 범법행위를 하는 것이다. 별 가책도 느끼지 않으면서. 절친한 친구를 속이고 돈세탁을 하다가 들켜서 몇십 년 우정이 끝나버린 일도 있다.

물이 흐르지 못하니 변비가 몹시 심하고 고지혈증이 있다. 자궁이 약한 형상이라 처녀 때 이미 자궁 물혹 제거 수술을 받았다. 나이 들어서는 혈관을 뚫는 시술까지 받았다. 설기가 부족하니 살이 잘 찌는 체질이다.

```
庚 壬 癸 壬
戌 子 卯 辰  여자
```

시지에 귀한 官이 있어 교사다. 편관이 용신이라 정의감이 강해 盜心은 없지만 몹시 인색하고 구두쇠다.

일지에서 솟은 癸 겁재가 있어 시기심과 질투가 강하고 지기 싫은 기질이 강하다. 겁재가 다른 재를 합해 오지 않고 편관이 용신이라 도벽이나 부정은 없으나 욕심이 지나치고 남의 덕을 볼 생각으로 가득 차 있다. 베푸는 마음이 없고 예의에 어긋날 정도로 물욕이 넘쳐 품위를 손상하고 있으나 자신은 그런 줄을 모른다.

일지에서 겁재가 솟으면 이중성이 농후하고 물욕이나 시기심이 많다. 사주 구조에 따라서는 그것이 도벽이나 사기성으로 나타날 때가 있다.

```
庚 己 壬 甲         己 戊 丁 丙 乙 甲 癸
午 酉 申 午  남자   卯 寅 丑 子 亥 戌 酉  大運
```

얼핏 보면 土金傷官用印格으로 보인다. 용신인 것 같은 午는 木이 없어 헛불이고 년지의 丙火는 일지의 辛과 암합하여 탐합망생이다.

일간도 멀리 있는 甲과 합하여 뿌리를 얻으려 하나 바다 건너 너무 멀다. 종아격이 되었으며 가종격이다. 일지에서 솟은 庚이 体가 된다. 그래도 午火에 대한 미련을 못 버리는 바람에 인생여정이 이랬다저랬다 흔들릴 수밖에 없다.

土金傷官用印格이 종아격으로 변하고 다시 일간대행격으로 변했다. 가종격이고 体인 庚에서 보면 지지에 申酉의 비겁이 깔려있어 다소 이중성을 띠고 있다. 탐심이나 도심이 있다고도 볼 수 있다.

庚이 홀로 金局에서 솟으니 군계일학의 상이라 키가 크고 아주 미남이다. 스타 기질이 있고 잘난 체하는 맛도 있다. 庚에서 보면 재성이 아주 미약하니 인색하고 돈에 집착한다. 乙亥대운에 여자관계가 복잡했다.

壬으로 설기를 해야 하나 己가 막아 답답하고 재성이 미약해서 노력하나 결실이 적다. 庚이 体가 되니 처가 乙未생이다. 원래의 일간과 합하는 甲을 처로 볼 수 있다. 庚이나 己에서 멀리 떨어져 있어 10년 이상 직업상 별거를 했고 젊은 시절에 부부 정이 없고 이혼의 위기가 지나갔다.

원래의 일간과 합하는 甲이 관인데 무근하고 종아격에는 기신이라 도움이 안 되는데도 일간과 합하다 보니 멀리 북쪽에 있는 헛관을 찾아 떠나는 형국이다.

초년 金운은 경에서는 비겁운이라 가난하게 자라 어렵게 2년제 대학을 졸업하고 초등교사로 재직하면서 야간대학 정외과를 다니며 정치에 대한 꿈을 키우고 있었다. 종아격에 午는 기신이고 힘없는 관이다.

총각 때 어느 역술인이 '네 사주는 경남에서 두 번째 가는 좋은 사주다'라고 입발림성 예언을 하는 바람에 더욱 政界에 뜻을 두게 되었다. 안타까운 일이다. 본업에 충실했으면 벌써 교장이 되어 순탄한 삶을 누리고 있을 텐데 반백수로 지내며 이따금씩 생기는 검은 돈이나 챙기는 떳떳치 못한 생활을 하고 있다.

午 중에 丙丁이 있어 1남 1녀를 두었다.

癸亥대운 - 일간의 합신인 甲이 대운지 亥에서 힘을 얻으니 우여곡절 끝에 甲子년 결혼식을 올렸다. 처는 乙未생이다. 년간의 甲이 동하여 학교를 그만두고 북쪽인 서울로 올라가 국회의원 비서관이 되었다. 년주는 북쪽이다. 북쪽의 官이 동한 것이다. 甲이 살아나는 좋은 운이라 금전운도 좋았고 박사 학위를 받았다. 자식도 생겼다.

丙대운 - 丙은 午에서 올라오니 슬슬 명예욕이 생기고 丙은 체인 庚에서 보면 편관이라 직업상 염증이 심하게 일어났다.

甲이 부친인데 丙은 甲의 사신발동이라 부친이 별세했다.

子대운 - 子午충하니 직장을 그만두고 고향으로 내려와 출마준비를 하다가 사전 선거운동 혐의로 구속되어 유치장에서 60일간

옥고를 치렀다. 이때부터 길고 길 백수 생활이 시작되었다.

丁대운 - 丁壬으로 합하여 木이 되니 어디선가 이따금씩 큰돈을 가져 온다. 물론 떳떳치 못한 검은돈이다.

丑대운 - 金局이 더 강해지고 오는 더욱 힘이 빠져 별무직업이고 금전운도 갑갑하다. 木이 강해지는 丁亥년에도 어디선가 많은 돈이 생겼다. 돈 만드는 재주가 가상하다.

寅대운 - 寅이 왕신을 충극하니 불길하다. 관재나 손재, 처의 질병 등이 예상된다. 천을귀인은 충을 아주 싫어한다. 처가 퇴직하는 일로 땜이 될 수도 있다.

40대 후반으로 보이는 좀 비만한 여성이 친구와 함께 와서 자기 남편의 사주를 넣었다. 丙戌년이었다.

			48					
己	丙	丙	丁		辛	壬	癸	甲	乙
亥	寅	午	酉 남자		丑	寅	卯	辰	巳 大運

신왕한 사주니 亥가 용신이다. 천을귀인의 亥酉가 있으니 얼핏 좋아 보인다. 그러나 亥는 寅에 破가 되고 酉는 멀다. 비겁을 잡아주는 亥니 도둑 잡는 사주이고 월지 양인에 丙丁으로 양인살이 발동되어 군경 계통인가 물었더니 다른 도둑을 잡는 세무 공무원이었다.

辛대운 丙戌년이다. 辛은 酉에서 올라왔고 년월간의 丙丁에 의해 군비쟁재가 일어난다. 대운지 丑은 亥를 흐리게 한다. 여럿이 둘러앉아 노름을 하고 있는 형상이기도 하고 내 돈이나 처가 사라지는 운이기도 하다. 丙戌년은 火局으로 더욱 신왕해지고 용신인 亥를 치고 말려버리는 운이며 천문살까지 끼니 시비나 관재 운이다.

왕신이 입고하니 모든 불들이 다 입고한다. 비겁들도 입고하고 나도 입고된다.

남편에게 관재구설이 온 운이고 직장이 날아가는 해라고 했더니 그렇지 않아도 그 일로 왔다며 나머지는 자기가 이야기했다. 다섯 사람의 사기꾼이 5년 전 공모하여 사기를 쳤는데 그것이 이제야 들통이 나네 사람은 구속이 되고 한 사람은 수배 중인데 잡힌 사기범들이 이구동성으로 세무 공무원인 자기 남편에게 뇌물을 주고 일을 꾸몄다고 하니 남편이 구속되고 직위 해제 후 구치소에 있는데 나머지 한 사람이 잡히기 전에는 증거인멸이 될까봐 몇 달이 지나도록 재판도 못하고 구속 중이라 애가 타서 왔다고 한다.

대운간 辛은 丁火 밑에 있는 돈이라 남의 돈인데 일간도 같이 군비쟁재에 가담했으니 죄가 있다고 여겨진다. 그래서 부인의 사주도 같이 보자고 했다.

38

壬 癸 丁 庚　　　癸
戌 亥 亥 子 여자　未 大運

신강한데 戌이 막아주니 남편 덕이 있고 부부유정하다. 월간 丁은 남편의 표출신인데 壬癸의 극을 받으니 관재를 겪을 수 있다.

戌이 山이라 부산에서 오랫동안 살아왔다.

일지에서 솟은 겁재 탐심이 亥水위의 丁火 즉 남의 돈을 합하여 고장지에 집어넣으니 적천수에 나오는 도둑의 사주와 비슷하다. 이 여성의 탐심도 되겠지만 남편의 성향도 된다.

癸未대운 - 癸는 子에서 올라와 丁을 극하니 다른 사람으로 인해 내 돈과 남편이 극이 되는 운이고 대운지 未는 유일한 의지처인 戌을 형하여 둑이 터지고 태평양 같은 물이 모든 것을 쓸어간다. 돈과 남편, 그리고 내 목숨까지도.

乙酉년에는 이 여성이 유방암 수술을 했다고 한다. 생명의 위험이 오는 운이다.

丙戌년 - 천문살이 겹치고 戌이 동하며 丙이 극되어 불길하다.

거짓말을 할 수가 없어서 좋은 결과가 나오지 않을 것 같다고 했더니 눈물까지 흘리며 나를 몹시 원망하며 돌아갔다. 자기 남편은 결백하다면서. 그러니 그 후 다시는 오지 않았지만 아마도 그 부인은 죽었을 것이고 남편도 관형을 받고 직장이 날아갔을 것이다. 처의 사주로 봐서는 결백을 믿기 어렵다.

V.
자식 애로가 많은 사주

자식 애로가 많은 사주

```
庚 壬 丙 甲        庚 辛 壬 癸 甲 乙
戌 子 子 午 여자    午 未 申 酉 戌 亥 大運
```

양인격 사주다. 戌이 희신이다. 旺水를 午 중의 己로 막을 수는 없다. 己는 자식인 甲과 명암합하니 첫 남편이고 戌은 재혼 남편이거나 애인이다.

년월주에 희신이 많고 火가 부친이다. 丙이 午를 차고 있어 부친이 경찰서장까지 지냈으며 부정 축재한 돈이 많았다. 초년 운이 좋았다.

색정이 강하고 음란하여 해로하기 어렵다. 子午충으로 己가 떠내려간다. 子는 도화살이라 나의 바람기로 인하여 가정이 깨지는 형국이다. 학생 시절부터 이성을 밝혔다. 성질이 아주 강하고 차다.

戌대운 丙辰년에 중매로 결혼했다. 戌대운은 戌이 동하는 운이고 丙辰년에 辰戌의 충으로 편관이 제거되고 午 중 己만 남으니 결혼 운이다.

戌대운의 짧은 2, 3년 동안만 부부 화목하고 아들 딸 낳으며 행복했다.

癸대운이 오자 도화살이 발동하고 사주에 물이 넘쳐흐르니 음란 색기가 다시 고개를 들었다. 癸酉대운 내내 바람을 피우다가 酉대운에 연하남과 눈이 맞아 가정을 버리고 나가 살림을 차렸다가 들켜서 죽도록 맞고 이혼했다.

甲은 자식성인데 무근하고 死地에 놓였으며 丙이 사신으로 발동까지 했다. 더구나 시상편인은 자식에게 해롭다고 한다. 이혼한 후 여러 해 뒤에 자식들이 빗나가기 시작했고 아들은 중졸로 그쳤다. 30이 훌쩍 넘은 나이까지 직업도 없으며 최근에는 눈까지 사시가 되었다. 아마도 자살하지 않나 싶다. 딸도 도벽이 심했으나 그 후 착실해졌다.

丙 庚 丙 甲		己 庚 辛 壬 癸 甲 乙
戌 戌 子 午 여자		巳 午 未 申 酉 戌 亥 大運

조선족이다. 庚戌괴강에 금수상관이니 두뇌가 대단히 명석하다. 편인을 깔고 있어 두뇌 회전이 빠르다. 子午충도 있어 상당히 다혈질이다.

일간이 약하지는 않으나 편관의 극이 심하니 子로 용신하는 식상제살격으로 변했다. 원래는 금수상관격이나 조후가 너무 과해

겨울철의 이상 난동 기후다.

남편성인 火는 나를 극하니 부부 불화가 심하고 정이 없으며 남편의 바람으로 인해 이혼의 위기가 있었고 긴 불화가 있었다. 子가 용신이니 하나 있는 딸에게 목숨을 거는 형이다. 그러나 子午충으로 子가 약해졌고 더구나 수옥살에 沖이며 두 개의 戌이 호시탐탐 노리고 있어 불길함을 내포하고 있다.

유년기에 만주에서 살다가 가족이 북한으로 들어갔다. 죽을 고생을 하다가 두만강이 언 겨울에 간신히 탈출하여 흑룡강성으로 올라가서 살았다. 북한에서 유치원을 다녔다고 한다. 하도 공부를 잘했기 때문에 문화혁명 후 장학생으로 뽑혀 24세부터 북경에서 대학을 다닐 수 있었다. 아주 가난하던 시절이었다.

癸酉 壬申 대운까지 남편이 사업을 해서 대단히 많은 돈을 벌었다. 水운이기 때문이다. 부부불화로 인해 행복하지는 않았다.

이 여성은 金水운인 癸酉대운부터 庚대운까지 중국 국무원의 총리비서실에서 여러 총리들을 보필하는 고위 공무원으로 오래 근무하다가 퇴직하기 여러 해 전부터는 국영호텔의 총책임자로 일했다. 아주 똑똑하고 기질이 강하며 공산당원이다. 종교는 없고 공산당이 신앙이라고 내게 말했다. 필자의 오랜 친구이다.

未대운 - 戌未형으로 편인이 沖발되어 중학생인 딸이 교도소에서 6개월을 지냈으며 공부에 지장이 많았다. 딸인 子에서 土는 관재구설이다. 친구들과 어설프게 택시 강도 흉내를 내다가 잡혀갔다. 중국은 법이 엄하다.

午대운 - 子午충이라 걱정했으나 딸이 한국에 유학 오는 일로 땜이 되었다.

```
                    33
丙 乙 戊 辛         壬 辛 庚 己
戌 未 戌 丑 여자    寅 丑 子 亥 大運
```

乙은 戌未형으로 무근하고 土가 왕하다. 辛이 戌과 丑에서 솟아 旺土를 설기하고 있다. 종살격이고 辛이 용신이다. 따라서 자식인 丙이 애물이다. 아들과 딸이 하나씩인데 둘 다 애물단지다.

丙이 장생을 얻고 역마에 놓이는 寅대운에 딸이 가출하고 아들도 공부에 소홀하여 이 여성이 고통스러웠다. 종격에 역하는 불길한 운이다. 세월이 흘러 딸은 현재 일본의 술집에 가 있고 아들은 직장에 적응하지 못하여 문신 기술을 배웠으나 제대로 써먹지 못하고 있다.

子대운에 子丑으로 합을 하니 夫宮이 동해서 조혼했다. 관성이 년간에 있으면 조혼하는 경우가 많다.

丑대운에는 丑戌未 삼형살이 일어나고 夫宮이 흔들리니 불화가 심했고 손재가 있었다.

늦가을 나무에 단풍이 든 형상이라 얼굴은 미모인데 물기가 없어 가랑잎과 같으니 많이 겉늙었다. 조혼한 탓도 있겠지만.

			32					
庚	壬	癸	壬	丁	戊	己	庚	辛	壬
戌	子	卯	辰 여자	酉	戌	亥	子	丑	寅 大運

　水多하여 자식인 卯가 떠내려가는 형상이고 일간의 死地다. 子卯음형으로 약해져 있고 戌이 入墓시키려는 것을 子가 막고 있는데 子가 합충되는 운이 위험하다. 시상편인까지 있어 더 불길하다. 시상편인은 남녀를 불문하고 자식에게 나쁘다.

　신강하고 음습하며 용신이자 남편인 戌이 時에 있어 대단히 만혼을 했다. 己대운 35세에 딸이 둘 달린 남자의 후처로 갔다. 남편인 戌에서 보면 음양이 같은 卯 중의 甲이 후처소생의 아들이고 년월지의 卯는 전처소생의 딸들이다.

　아들 하나에 딸이 둘 있는 사주인데 전처가 딸 둘을 낳았고 후처가 딸과 아들을 하나씩 낳았는데 후처소생의 딸이 죽고 결국 사주대로 되었다. 이들은 부부 교사다.

　丁卯년 亥월에 이 여성이 딸을 임신해서 戊辰년 未월에 낳았다. 子卯음형살이 자궁과 자식궁에 있어서인지 자궁이 둘로 갈라진 기형이라고 한다. 큰 쪽의 자궁에 착상이 되면 출산할 수 있고 작은 쪽으로 착상이 되면 태아가 자라다가 유산이 된다.

　37살 늦은 나이에 얻은 딸을 39세인 庚午년에 잃었다.

　庚午년은 편인이 가중되고 子午충이 일어나는데 수옥살까지 가

세했다. 子가 충되니 戌이 卯를 입묘시켰다. 庚午년 午월에 딸이 교통사고로 즉사하고 여동생도 己巳년 음독 끝에 식물인간이 되었다가 庚午년 午월 같은 달에 죽었다.

비통한 세월이 흐르고 다시 41살에 아들을 낳았다. 辛未년이다. 대운지 亥와 사주의 卯와 세운의 未가 3합을 하여 아들이 되었다. 庚午년에 딸이 죽을 수도 있다고 예언했다가 욕을 엄청나게 들어야 했다.

					51					
丙	庚	丙	乙		壬	辛	庚	己	戊	丁
戌	午	戌	未 여자		辰	卯	寅	丑	子	亥 大運

戌未형과 午戌합으로 인해 土는 生金이 되지 않는다. 燥土不生金이다. 사주에 火氣가 가득하니 종살격이고 화기를 수습해주는 戌이 용신이나 조토라 설기가 시원치 않으니 답답한 인생 여정이다.

편인이 용신이라 총명하고 대단히 계산적이며 甘呑苦吐하는 형이다. 인색하기 짝이 없으며 공짜를 밝히며 밥 한 그릇 내는 법이 없고 언제나 사람을 이용의 대상으로만 바라본다.

흔히 하는 말로 '베풀어야 자식이 잘 풀린다'는 말은 참으로 일리가 있는 말이다. 편인이 강하거나 재다신약격인 사람들은 인색하고 철저하게 이기적이다. 인성이나 재성은 자식성인 식상이나 관살을 자르거나 심하게 설기시키니 자식이 잘 풀릴 수 없다.

필자도 살아오면서 많은 사람들을 관찰해 왔는데 유별나게 인색하거나 사람을 이용하려는 사람들 중에 자식의 애로가 심하게 일어나는 것을 자주 보아왔다. 자식이 죽거나 무자식인 경우도 종종 있다. 다 퍼주고 사는 것도 문제지만 너무 인색해도 탈이니 적당히 베풀고 서로 사랑하며 살아야겠다.

초년 亥子대운은 종격에 역하는 운이라 가난하게 자랐으며 부친을 일찍 이별했다. 戌이 모친이라 모친 덕이 있고 시지에 있어 모친이 장수했으나 모친이 무당이다. 戌은 山이고 절이며 丁이 들어 있어 산이나 절에서 촛불 켜고 기도하는 형상이다.

나의 표출신인 丙에서 보면 부친인 庚이 旺火에 극되니 일찍 사별했다. 종하거나 일간대행격인 사주는 종하기 전과 종한 후를 다 살펴야 한다.

총명하니 초년 운이 좋지 않은데도 성적은 좋았다. 가난한데도 戊子대운에 사범대로 진학을 하여 객지로 떠났다. 子午충하니 주거지의 변화가 온 것이다.

일간과 천간지합하는 乙未가 남편성인데 형 받고 고장지 위에 있으며 백호살에 놓여 있어 좋은 인연은 아니다. 의처증이 심하고 평생 백수나 반백수로 보내고 있다. 책임감도 없고 이기적인 부잣집의 막내아들이다. 가난하게 자란 탓인지 사람을 보지 않고 그 배경을 보고 결혼했다.

이 여성은 교직 생활이 짧았다. 남편의 의처증으로 인해 전업주부로 있다가 생활이 어려워지자 각종 영업이나 부동산, 보험 등으로 연명하고 있다. 시부님이 별세하자 돈줄이 막혔고 본인들이 사업 실패하는 바람에 많이 받았던 유산도 다 날아갔다. 원래 印星은 薄福의 별이다.

　辛卯대운 - 辛이 戌에서 올라오니 자식의 투출신인데 丙火와 쟁합으로 합거되니 첫 딸이 17살의 나이로 병명도 모른 채 두 달 정도 앓다가 죽었다.

　卯는 돈이고 남편인데 양쪽의 戌에 입묘되고 다 타버리니 큰 식당을 하다가 破財를 하고 남편이 완전히 백수가 되어 오랜 세월 동안 놀고 있다.

　辛은 백호발동이고 고신발동이니 흉한 일이 많이 일어난다. 辛이 솟으니 戌未형이 발동하고 火庫가 깨어져 飛火하여 魂飛魄散 하는 운이다.

　辰대운 - 아주 힘들어지는 운이다. 모친이 별세할 것이라고 생각했는데 己丑년에 화로가 깨어져 별세했다는 소식을 들었다. 하고 있는 보험 영업도 아주 힘들어 생활이 무척 곤궁하다고 들었다. 壬辰대운은 종격에 逆하는 아주 불길한 운이다. 금전 애로와 자식 애로, 남편으로 인한 애로가 극심해질 것이다.

					45			
乙	己	庚	辛		乙	甲	癸	
丑	丑	子	丑	여자	巳	辰	卯	大運

V. 자식 애로가 많은 사주

얼고 습기 찬 사주다. 乙이 남편성이나 언 자갈밭에 서 있는 나무라 뿌리내리기 어렵고 六合하는 子를 남편으로 보더라도 丑이 많아 흙탕물이라 남편 복이 없고 해로하기 어렵다. 무기력하고 바람둥이 남편이다.

나는 남극이나 북극 같은 토양이라 남편인 木을 키울 수 없다.

辰대운에 이혼했다. 남편성인 子가 入庫하고 乙이 入墓한다. 甲대운부터 불화가 극심했다. 甲이 대운에서 온 남편성인데 庚辛에 극되고 일간과 합하여 그 기운이 소진된다. 이래저래 이혼할 운이다.

庚이 아들이고 辛이 딸이다. 지지에 식상을 입고시키는 丑이 너무 많아 자식 애로가 심한 사주다. 아들인 庚이 을을 만나 입고되고 있으며 死地에도 앉아 있다. 庚이 합거되는 乙대운에 아들이 죽었다.

巳대운부터 조후가 되어 호전할 것이나 원래 빈천한 사주라 큰 발전은 아닐 것이다.

```
                55
 己 戊 戊 戊        甲 癸 壬 辛 庚 己
 未 寅 午 子 남자    子 亥 戌 酉 申 未 大運
```

사주가 메말라 마치 사막과 같은데 오아시스가 되어야 할 子는 왕한 午에 의해 沖去되어 쓸모가 없다. 일지의 寅은 사막에서 枯

死하고 있는 선인장과 같고 자식궁인 시지의 未에 입고되고 있다. 자식 애로가 많은 사주니 무자식이다. 처의 나팔관이 막혀서 임신이 되지 않는데 다른 여자와 관계를 해봐도 자식은 생기지 않는다. 어차피 무자식 사주다.

壬대운에 사막에 가랑비 내리는 형국이라 딸을 입양했다. 사주에 자식 복이 없어서인지 참 안 풀리는 딸이다.

종왕격 사주에 대운이 逆行하니 평생 직업이 부실하고 노동일을 해서 연명하고 있다.

위 남성의 부인 사주

丁	庚	辛	甲
亥	辰	未	午

여자

일지가 자식인 亥를 입고하고 있다. 년간의 甲은 亥에서 올라간 자식의 표출신인데 死地에 앉고 丁이 사신으로 발동하고 있으며 未에 입고되었다.

亥가 흐르지 못하니 나팔관이 막혀 무자식이다. 입양한 딸을 애지중지 길렀으나 모두가 갑갑한 인생 여정이다. 자식이 풀리지 않는다. 이 여성의 여동생도 나팔관이 막혀 무자식이다. 체질인 것 같다. 辛이 여동생이고 역시 식상이 보이지 않는다.

```
                               59
丁 乙 甲 己           庚 己 戊 丁 丙 乙
亥 亥 戌 丑 여자      辰 卯 寅 丑 子 亥 大運
```

아들만 둘이다. 亥亥자형으로 형출된 亥 중의 壬이 자꾸 丁을 합거시키려 하니 자식들이 영특하나 진로 장애가 심하다.

庚대운에 벽갑인정이 되어 한 자식은 풀렸으나 辰대운까지 다른 아들 때문에 애를 태울 것이다.

```
                        28
丙 庚 癸 乙           己 庚 辛 壬
戌 子 未 酉 남자      卯 辰 巳 午 大運
```

乙이 부친성인데 절지에 앉고 절신발동한 것이 일간이라 10세 전에 부친이 돌아가셨다. 년지가 양인이기도 하다. 년월주에 양인이 있으면 유년기나 성장기에 부친에게 좋지 못한 일이 생긴다.

일간이 財와 합하고 未가 재고이며 未 중의 丁이 정관이라 전직 은행원이었다.

丙은 아들이고 未 중의 丁이 딸이다. 丙은 백호에 놓여있고 백호인 癸未가 天沖地刑으로 노리고 있다. 子만 없어지면 언제라도 극을 받게 된다. 자식을 하나 잃었느냐고 물었더니 그렇다고 했다. 아들이며 辰대운에 그런 일이 있었느냐고 물어보니 그렇다고 했다. 한숨을 쉬며 "팔자는 속일 수 없는 모양이다."라고 했다.

辰대운에는 子가 입고되어 년주와 시주의 冲이 일어나고 辰이 직접 술을 치기도 한다. 양띠인 딸만 하나 남았다.

그 딸의 사주

```
壬 癸 己 己
戌 巳 巳 未  여자
```

종살격 사주에 壬겁재가 기신이고 백호살에 놓였으며 無根하고 년월간의 己의 극을 받고 있어 오빠가 횡사했다.

戌이 체가 되는 사주다. 기신인 壬도 억제하고 일간과 합하니 戌 중의 戊가 일간대행이 된다.

```
           37
乙 甲 乙 己      己 戊
亥 午 亥 酉 여자  卯 寅  大運
```

午에서 올라간 己는 자식의 표출신인데 甲乙木의 극이 심하고

午는 己가 표출되어 허한 중에 양쪽에서 亥의 극을 받고 있어 심히 허하다.

己를 극하는 乙이 오빠인데 하필이면 불화 끝에 오빠네 집에서 기거한다고 하길래 내가 "이혼할 생각이 없고 아기를 가질 생각이라면 하루라도 빨리 오빠 집에서 나오고 남편이나 시모님께 고개를 숙이라"고 조언을 했다.

己대운 己丑년에 마지막 기회가 있는 듯하니 병원에 가서 불임 클리닉을 병행하라고 했다. 그해에 아기를 가져 늦게 손녀 같은 딸을 낳아 이혼의 위기도 넘기고 극심했던 고부 갈등도 많이 누그러졌으나 그 여성은 한 번씩 전화로 상담만 할 뿐 찾아오지도 않고 그 아기의 작명도 다른 데 가서 한 모양이다. 이런 심성을 지녔으니 그토록 심한 갈등 속에 살았을 것이다. 좀 좋지 못한 표현대로 한다면 '싸가지'가 없는 형이다.

乙은 死地에 앉고 死神으로 발동한 것이 일간이라 이 여성이 태어난 지 오래지 않아 오빠가 죽거나 장애가 생기는 사주다. 한 오빠는 우물에 빠져 죽고(亥가 사지니 익사) 한 오빠는 장애자가 되었다. 乙이 己를 극하니 오빠 집에서 나오라고 한 것이다.

41

丙	乙	癸	辛			己	戊	丁	丙	乙	甲	
戌	亥	巳	卯	여자		亥	戌	酉	申	未	午	大運

巳亥충으로 부부궁이 깨어지고 일주와 시주 사이에는 1급 소용돌이가 돌고 있어 얼핏 보아도 부부 운이 나빠 보인다. 巳 중 庚이 남편이고 丙은 그 표출신인데 丙戌백호에 걸리고 癸가 노리고 있다. 丙이 입고되는 戌대운 己卯년에 남편과 사별했다.

 丙은 자식이기도 하니 19세 된 차남이 노상 객사했다.

 巳 중의 戊가 부친이고 丙이 그 표출신이라 역시 단명하셨다. 부친 별세 후 모친이 재가했는데 戌이 모친의 재혼 남편이다.

 火가 자식성인데 巳亥冲으로 약해지고 소용돌이 속에 있어 자식 애로가 많다. 차남은 횡사했고 장남은 무직으로 방황하고 있으며 며느리가 활동하여 생활한다.

 소용돌이가 있고 천문살도 있어 이 여성도 정서가 불안정하며 신경성 병이 있고 약간의 신기가 있다고 할 수 있다.

 추명가에 보면 '乙 일주가 지지나 일지에 庚관성이 있고 또 천간에 투간하면 시집가서 애 낳고 살다가도 집 나가서 소실살이를 한다'고 적혀 있다. 꼭 바람이 나서 나간다기보다 부부 이별한다는 뜻이다.

 巳 중의 戊가 부친이며 월간의 癸는 부친의 첫 부인이며 나는 亥의 자식이니 후처소생이다. 亥 중의 甲이 이복오빠인데 巳亥冲으로 인해 역시 객사했다. 년지의 卯는 이복언니다.

 인생살이의 행불행은 거의 인간관계나 육친에서 비롯된다고 봐야 한다. 육친이나 타인과의 관계가 운명을 좌우한다고 볼 수 있다.

```
壬 癸 癸 甲        戊
戌 酉 酉 辰 여자   辰 大運
```

　신왕하다. 辰酉로 합하니 辰은 도움이 안 되고 용신인 戌도 많은 酉에 의해 설기가 심하고 일과 시에 1급 소용돌이까지 있어 그 역할이 미미하다. 甲으로 설기하려고 해도 辰酉합으로 甲의 뿌리가 상해서 불미한 명조이며 자식 애로가 있는 사주다. 편인이 가중되어 더욱 불길하다.

　辰은 형제의 남편이고 戌이 내 남편인데 일간과 합하고 있어 해로는 하고 있지만 불화가 극심하다. 소용돌이가 있어 폭발적인 성격이다. 甲으로 설기하자니 말이 밉상이다. 상관은 거친 입, 미운 입이다.

　戊辰대운 - 대운지 辰이 용신인 戌을 치고 戊辰대운이 일간을 입고시키며 자식의 뿌리가 있는 辰을 辰辰자형으로 몰고 간다.

　己丑년이 되자 시주에 또다시 3급 소용돌이가 치니 사주원국의 1급도 같이 돈다. 辛未월 어느 날 낮에 이 여성이 계곡에서 떨어져 먼저 다치고 그날 저녁에 딸이 학교에서 추락하여 큰 부상을 입어 죽을 뻔했다. 己丑은 甲이 합거되는 운이다.

　혹시 금년에 자식이 다치거나 죽을 뻔한 적이 없느냐고 물었더니 다치기는 해도 죽을 만큼 다치지는 않았다고 대답했다가 같이 온 자기 친구에게 핀잔을 받았다. 온몸이 다 부서졌는데 어째서 죽을 운이 아니냐고.

딸의 사주

```
乙 壬 戊 壬
巳 戌 申 申  여자
```

신왕해서 戊가 용신이나 일지에서 솟은 편관이 바싹 옆에서 극하는 것은 불길하다. 일지에서 솟은 것은 영향력이 더 크기 때문이다.

己丑년 - 관살이 혼잡되고 일지를 충하여 편관이 일간을 극한다. 더구나 시주와 己丑은 4급 소용돌이까지 돈다. 辛未월에 또 加殺되고 일지를 刑하니 생명의 위험이 왔다. 가까스로 존명했다. 온몸이 다 부서졌다.

```
                58
乙 己 己 戊       丙 乙 甲 癸 壬 辛 庚
丑 酉 未 寅  남자   寅 丑 子 亥 戌 酉 申  大運
```

신왕하다. 寅은 소토불능이고 乙은 자갈밭에 뿌리를 내릴 수가 없어 설기하는 酉가 용신이다. 酉丑金局으로 설기구가 넓어져서 다행이나 乙은 더욱 약해진다.

자식인 寅은 未에 입고하고 물이 없어 말라 들어간다. 乙은 자갈밭에 서 있으니 자식 애로가 많은 사주이다.

戌대운에 더욱 신왕해지고 丑戌未 3형살로 시끄럽다. 군기피자로 몰려 사표를 내고 군에 입대했다. 초등 교사였다. 어려운 시절이었다.

3형살이 시주 자식궁을 치니 이 대운에 자식이 둘이나 죽었고 하나는 뇌성마비에 걸렸다. 6남매를 낳았으나 둘이 죽고 네 명이 남았는데 그중 장남이 뇌성마비다.

유월염천에 목이 마르고 목을 살리자니 물이 필요하나 없어 갈증이 심한 사주다. 그래서 주색을 밝힌다. 늦은 나이까지 교장인 신분에 맞지 않게 무속인들과 사귀기도 했다. 土多하고 귀문살이 있어 미신을 좋아한다. 주색으로 처에게 고통을 주기도 했다. 일지가 희신이고 식신문창성이라 부부 교사다.

다행히 대운이 水木운으로 흘러 교장으로 승진이 순조로웠다. 그 당시에는 정년이 만 65세였는데 丑대운 63세쯤 퇴직하실 것 같다고 했다. 그 부인이 집으로 돌아가면서 걱정을 많이 했다고 한다. '이 놈의 영감탱이가 또 무슨 짓을 저지를 것인가? 계집질하다가 잘못되는 건 아닌가?' 갑자기 IMF가 오고 교사들의 정년이 단축되어 63세에 퇴직했다.

丑대운은 용신인 酉가 입고되고 丑未冲으로 癸가 출출되면 戊

己土가 극하는 군비쟁재가 일어난다. 퇴직금은 부디 연금으로 돌리시라고 단단히 부탁을 했다.

여러 해가 지난 후에야 말했다. 두 사람 다 일시불로 받아서 부동산업을 하는 여자 제자에게 빌려줘 떼이고 말았다는 것이다. 한 푼도 받지 못했고 지금은 생활비가 없어서 맞벌이하는 차남 집에 얹혀 손자를 봐주며 살아가고 있다. 안타깝다.

```
                        61
庚 乙 丙 辛        癸 壬 辛 庚 己 戊 丁
辰 卯 申 巳 여자    卯 寅 丑 子 亥 戌 酉 大運
```

신약하고 관살이 혼잡되어 있으며 卯申 귀문살이 있어 神氣가 있는 여성이다. 동래 교육청이 알아주는 0도사다. 점을 칠 수 있는 수준이다.

일지에 건록이 있고 관과 합하며 상관인 丙으로 편관을 제하고 있어 초등 교사로 명퇴한 여성이다.

去官有殺로 사주가 맑아지기는 했으나 신약에 殺이 왕한 사주라 남편 복이 없다. 일종의 식상제살격의 사주나 식상보다는 관살이 더 강하다. 식상을 써서 살을 막아보자니 말로 먹고사는 교사고 노래를 엄청 잘한다.

자식에 대한 모성애는 대단하나 자식궁에 형살이 있어 이별수라 세 아들 중 두 아들이 중학교 시절부터 미국에서 고학을 하느라

V. 자식 애로가 많은 사주

떨어져 살았고 차남이 생명의 위험에 처하기도 했다.

官이 기신이라 속아서 병든 남편을 만났다. 아들 셋을 얻은 후 사별했다. 자식에 대한 애착이 아주 강해서 부부관계가 힘들어 별거 중인 남편을 찾아가 사정사정하여 자식을 하나씩 임신했다. 이해가 좀 안 되는 부분이다. 남편은 서울대를 나온 수재였지만 총각 때 이미 병들어 첫날밤을 치르지 못할 정도였고 이 여성을 피해서 내내 별거를 하고 있었다.

신약하고 관살이 혼잡하며 卯申귀문살이 있어 28살에 저절로 神이 왔다. 그래서 ○도사라고 불린다. 여러 번 만났고 사주까지 봤으나 신이 있다고는 미처 생각지 못했는데 어느 날 통화 중에 갑자기 아이 같은 목소리로 이상한 예언을 했다. 깜짝 놀라 가만히 있었더니 잠시 후 목소리가 정상으로 돌아오며 神받은 몸이라고 했다.

혼자 벌어서 병든 남편을 수발하고 세 아들을 기르자니 평생 가난했다. 아픈 데도 많다.

자식인 丙과 巳가 합거되고 형을 받아 자식궁이 좀 허약하다. 장남은 직업이 부실해서 탈이고 차남은 흑인에게 총을 맞아 죽음의 위기가 있었고 직업 운과 부부 운이 허약하여 아주 만혼을 했다. 막내아들은 미국에서 약대를 나와 해외 주둔하는 미군에서 약사 생활을 한다.

1991년 辛未년에 이 여성을 처음 만났다. 그때는 내가 퇴직하기 전이어서 내 집에서 상담을 했다. 차남의 사주를 보면서 내가 이렇게 말했다. "이 아드님은 사주에 물이 많아 病입니다. 물은 부친이고 여자며 물이기도 한데 부친 덕이 없고 여자 복이 적으며 익사나 흑인을 조심해야 하는 사줍니다." 물은 검은 색을 뜻하니 문득 흑인이라고 말했던 것이다.

"엄마야! 우리 아들은 미국에서 사는데……."

"그러면 내년과 후 내년인 壬申 癸酉년을 조심해야 합니다. 만약 흑인이 총을 들이대기라도 한다면 얼른 두 손을 번쩍 들고 달라는 걸 다줘야 합니다. 절대로 반항하면 안 됩니다."

놀란 이 선생님이 부적을 써 달라고 했다. 가난한 분이라 돈을 아주 적게 받고 정성껏 써 드렸다. 부적이라는 걸 나 자신은 별로 믿지 않던 시절이었다. 癸酉년에 다시 한 번 갈아주라고 신신당부했다. 그리고는 癸酉년 여름방학까지는 아무런 소식이 없었다. 물론 새로 부적을 쓰러오지도 않았다. 壬申년에 아무런 일이 없으니 속았다 싶어서였는지 아니면 형편이 좋지 않으니 그 적은 돈도 아까웠는지 모른다.

癸酉년 여름방학이 끝날 무렵에 이 선생님이 다른 여교사와 함께 내 집에 오셨다. 아무 말 없이 세 자식의 사주를 넣었다. 그때만 해도 난 이분에게 부적을 써줬다는 사실도 잊고 있었는데 차남의 사주를 뽑아 쓰고 나니 갑자기 생각이 떠올랐다.

"작품 2번은 작년과 금년에 잘 넘겼습니까?"

"아이고, 아우야! 우리 아이가 총을 맞았데이."

갑자기 아우라고 불렀다.

V. 자식 애로가 많은 사주

"예? 총을 맞았다고예?"

이 여선생님이 돈이 많아서 자식 둘을 미국에 보낸 것이 아니고 친정이 미국에 있고 미국 가서 공부하면 자식들이 영어에 능통하게 될 것이고 그러면 어떻게 해도 살아갈 수 있으리라 생각하고 어려운 형편에도 중학교 시절부터 보낸 것이다. 그래서 아이들이 아르바이트를 하며 어렵게 학교에 다니고 있었다.

차남은 그때 25세였고 큰 마트 계산대에서 아르바이트로 학비를 벌고 있었다. 어느 날 밤, 흑인이 들어오더니 갑자기 총을 꺼내어 이 청년에게 겨누었다. 깜짝 놀란 이 청년은 모친이 신신당부한 일도 있고 해서 캐시를 열려고 했으나 허둥거리는 바람에 열리지 않았다. 다시 열려고 해도 열리지 않자 전기선이 빠졌는가 싶어서 밑을 내려다보는 순간 흑인이 방아쇠를 당겼다. 이 청년이 총을 꺼내려는 줄 안 흑인이 그만 총을 쏘고 만 것이다.

그 당시에는 큰 안경테가 유행할 때였다. 이 청년이 눈이 나빠 커다란 쇠테 안경을 끼고 있었는데 총알이 마침 그 테를 맞히는 바람에 저항이 좀 생겨서 총알이 머리를 관통하지 않고 구강으로 미끄러져 어금니 두 개만 부서지고 살아났다. 미국인 의사의 말이 "넌 天命이다. 일부러 안경테를 맞히려고 해도 잘 안되는데……."라고 했단다.

총은 4월에 맞았는데 자기 모친이 걱정할까봐 알리지 않았고 여름방학에 미국에 다니러 간 모친이 아들의 얼굴에 생긴 흉터를 보고 물으니 그때야 이야기를 하더라는 것이다.

그 여선생님이 부적을 또 해달라고 했다. 이제는 하지 않아도 된다고 했는데도 기어이 세 아들의 부적을 해가지고 갔다. 미국의 차남이 그 부적을 받고 하는 말이 처음 지녔던 그 부적을 평생 지니고 다니겠다며 새 부적을 지니지 않았다고 한다. 그 후 십수 년이 지난 戊子년 차남이 한국에 와서 결혼할 처녀를 데리고 미국으로 돌아갔다.

차남의 사주

				16				
丙	己	丁	己		癸	甲	乙	丙
子	亥	卯	酉 남자		亥	子	丑	寅 大運

찬간과 지지가 따로 논다. 신약하고 무근하다. 丙과 丁己가 있고 지지에 亥卯로 합을 하여 미약하나마 生火를 하니 종할 수도 없다. 습목생화불능이라고는 하나 氣는 전달이 되는 것이다.

卯酉충을 亥가 보류하고 있다. 酉는 식신이고 생명줄이며 구강이나 호흡기 계통이다.

丑대운 - 亥子丑으로 水局을 형성하는 바람에 亥가 卯를 잡아주지 못한다. 다시 癸酉년을 만나 卯酉의 수옥충과 상충이 한꺼번에 일어나고 癸는 조후용신인 丙丁을 끈다. 癸는 水局에서 올라와 힘이 아주 강하다. 존명한 것은 대운간이 乙이라서 절명을 면한 것 같다.

```
甲 壬 己 庚
辰 寅 卯 戌  남자
```

종아격 사주에는 官이 기신이다. 己는 극이 심해 약하고 戌은 卯戌로 合火되어 쓸모가 없다. 더구나 자식궁인 辰이 공망이다. 무자식이다.

위 남성의 처 사주

```
庚 戊 甲 壬
申 子 辰 子  여자
```

申子辰 水局으로 뿌리가 상실되어 종격이다. 최종자 甲으로 종하니 종살격이고 庚이 病이 된다. 자식이 病되고 설기도 심하니 무자식 팔자다. 불임이다.

종살격이나 편관인 甲이 바싹 붙어 극하니 부부 갈등이 잦고 하루하루 불안하게 살아간다. 언제 헤어질지 모른다고 생각하며 불안해한다.

소심하고 예민한 성격이며 물을 흐리게 하는 辰을 씻어야 하니 깔끔하다.

육친 찾기와 그 활용법

				49						
戊	庚	庚	辛		甲	乙	丙	丁	戊	己	
子	子	子	丑	남자	午	未	申	酉	戌	亥	大運

이 간단한 사주를 앞에 놓고 한참 고민을 했다. 어디서 처자식과 부친을 찾을 것인가? 신왕인지, 신약인지? 용신은?

얼핏 보면 신왕한 듯 보여도 신약하고 그 뿌리가 약하다. 丑은 미약한 뿌리로 보여도 오히려 일간을 子丑으로 합하여 입고시키며 맑은 물을 흐리게 하니 용신이 아니고 시간의 戊가 약하나마 생조와 조후의 역할을 한다. 金氣가 많으니 종할 수도 없다.

金水傷官用印格이다. 조후가 부족하고 상관의 기질이 너무 강한 것이 흠이다. 입만 벌리면 녹슨 물이 주르르 흐르니 독설과 험구가 잦고 특히 주벽이 심하다. 반골 기질이 강하여 노조의 주동자가 되었다가 한동안 면직이 되기도 했다.

상관사주라 총명하고 金이 중첩되니 고집도 세다. 일처리는 빈틈없이 잘 한다. 제 잘난 맛에 산다. 안하무인이다. 편인이 용신이라 순발력과 재치가 있고 계산력이 좋아 금융 계통에서 일하고 있다.

상관과 편인이 어우러져 겉과 속이 다르고 상당히 타산적이다. 생각과 행동이 따로 논다.

육친 관계를 더듬어 보면 그 사람의 환경과 성격 형성이 나타나기도 한다. 부친인 재성은 보이지 않고 인성은 나타나 있다. 년지 丑이 正印이니 모친 같아 보이나 지지에 있고 일간과 멀고 물을 흐리니 모친이 아니다. 외삼촌이다. 丑은 子와 세 번 암합하니 외숙이 삼혼했다.

모친은 투간된 戊다. 나에게 희신이라 현명하고 어진 모친이다. 부친은 戊와 합하는 子다. 모친이 재혼하지는 않았다. 부친과 나는 기질이 비슷하고 거칠다. 상관의 부친이라 군인 출신이다. 나를 마구 때리며 훈육했다. 그래서 내 성격이 더 거칠어지고 반골 기질이 강해졌다.

년지 丑은 일지의 子와 암합을 하니 나의 첫 부인이다. 물을 흐리게 하고 나를 입고시키려 하니 좋은 인연이 아니다. 물속에서 솟은 처라 섬 출신이다. 왕한 물에 떠내려가니 이별할 처다.

월지 子가 첫 아내와의 사이에서 낳은 아들이다. 같은 庚子에 있으니 아들이다. 子丑으로 합하니 이혼할 때 전처가 데리고 갔다. 지금은 인연이 아주 끊어졌고 자기 자식이지만 알아볼 생각도 없다. 자식에 대한 연민이나 정도 아예 없다. 아주 이기적이고 비정한 아비다.

戊대운에 처성인 土가 강해지니 조혼했다가 아들 하나를 낳은 후 이내 폭언과 폭행 끝에 이혼했다. 못 견디고 떠나갔다. 고부 갈등도 심했다.

내 일지와 명암합하는 시간의 戊가 후처다. 높은 산 아래 큰물이 있고 산 그림자가 드리운 형상이라 후처가 아주 미인이고 키도 크며 능력이 좋다. 戊가 자와의 명암합이 많아 이리저리 돈을 합하며 뛰어다니는 형상이라 영업을 해서 돈을 많이 벌고 있고 혼전에 남자관계가 복잡했다고 볼 수 있다. 아니면 나와 이별하고 다른 남자와 인연을 맺을 수도 있는 처다.

후처는 戊申생이다. 戊는 처성이고 용신이라 좋고 신은 일주의 뿌리가 되니 좋다. 박도사의 인연법에 의하면 日干無根 其根定配라고 한다.

戊가 모친도 되고 후처도 되니 모친과 후처는 아주 사이가 좋다.

일지의 子는 일주에 있어 후처가 낳은 아들이고 시지의 子가 딸이다. 戊와 同柱에 있어 딸이다. 모두 2남 1녀다.

월간의 庚은 형이고 년간의 辛은 누나다. 누나는 건강이 부실하다. 입고되고 얼어서.

戊대운 - 용신운이라 대학 졸업 후 바로 직장에 들어갔다. 戊대운말에 처성인 戊에 뿌리가 생겨 결혼했고 丑戌刑이 일어나니 곧 이혼했다.

丁대운 - 조후가 되니 좋은 운이다. 승진도 하고 재혼도 했다. 좋은 처를 만났다. 자기보다 훨씬 낫다.

酉대운 - 겁재양인이니 쓸개를 제거하는 수술이 있었다. 여러 가지로 손재가 발생했고 금전적으로 아주 힘들었다. 후처와도 갈등이 생겼다.

丙대운 - 편관운이나 辛겁재를 제거해주니 좋고 조후도 된다. 승진 시험에 합격하여 연수도 받고 승진을 앞두고 있었다.

申대운 - 申子로 水局을 지으니 강한 물살이 사주를 뒤흔든다. 반골 기질이 강해지고 申이 건록이 되니 많은 사람들과 어울려 노조 활동에 뛰어들어 우두머리 역할을 하다 다 함께 실직이 되었다. 丁亥년에 미약한 丁이 명예욕을 부추기고 亥가 水局을 형성하니 아주 시끄럽고 실직이 되었다. 申대운 내내 복직 재판이 지속되었다.

旺水에 戊의 뿌리가 흔들리니 부부 불화가 심했고 이혼의 위기도 있었다.

이 남성이 己丑년에 복직재판이 마무리되고 복직이 될 것이라고 자신 있게 말했을 때 나는 그렇지 않다고 말했다. 己丑년은 申대운중에 있고 두 庚子와 1급 태풍이 이중으로 일어나니 갑갑하고 혼란스러우며 丑은 나의 활동력 子를 묶어 복직할 수 없다고 했다.

庚寅년이 오면 복직이 될 것이라고 말했다. 庚은 세운간 乙과 군비쟁재가 되어 치열하고 어려운 일이 많지만 寅이 쓸모없이 출렁거리는 子를 유통시키고 子에게 할 일이 생기는 운이라 복직이 가능하다고 했다. 후에 소문을 들으니 庚寅년에 복직이 되고 밀렸던 임금을 수천만 원씩이나 받았다고 한다. 寅은 돈이다.

乙未대운 - 이 대운이 조후는 되지만 乙이 군비쟁재되고 대운지 未는 년지 丑을 친다. 불길한 운이다. 처 애로가 생기는 운이다. 갈등이 심해진다. 그리고 처의 직업 애로가 생긴다.

그 후에 들리는 소문이 처가 직업상 큰 애로가 생기고 징계를 받았다고 한다. 그래서 직업상 변동이 있었다고 한다. 당연히 수입도 줄어들었을 것이다.

乙은 이 남성의 간장 계통이니 간이 나빠질 수도 있다. 이미 쓸개는 없으니 간에 더 부담이 갈 수도 있다.

午대운 - 왕신충극하니 종명할 것이다. 뇌혈관이나 중풍처럼 순환기 계통이다. 수옥의 충이니 차 사고일 수도 있다.

위 남성의 후처사주

				36					
壬	甲	戊	戊	壬	癸	甲	乙	丙	丁
申	子	午	申 여자	子	丑	寅	卯	辰	巳 大運

한 여름 홍수에 浮木이 되어 떠내려간다. 戊에 뿌리를 내리려 하나 戊는 子午충으로 뿌리가 되지 못하고 인연이 끊어진다. 부친을 일찍 사별했다. 子午충이 유발되는 丁대운 9살에 부친이 돌아가셨다. 그 해는 丙辰년인데 申子辰으로 물이 넘쳐나니 부친인 土가 떠내려간다.

높은 산 위의 巨木이고 산 아래 물이 흐르니 속초 설악산 근처가 고향이다. 경치가 좋으니 인물이 출중하고 키가 늘씬하다.

土에 着根하자니 돈에 대한 집착이 대단하고 일지에서 솟은 편인이 있어 잔머리의 귀재다. 그리고 아주 인색하다. 이기적이다. 사람을 잘 이용하고 사교성도 좋다. 子午충이 있어 신경질이 심하다.

午가 설기와 통관용신이라 대단히 부지런하고 활동적이며 가난하게 자랐기 때문에 생활력이 강하다.

甲이 지지에 午를 보면 꽝내기를 좋아하는데 午가 용신이니 멋을 잘 부리며 자신을 대단하게 생각한다. 자만심이 강하고 제 잘난 맛에 산다. 입이 용신이니 언변이 좋고 입으로 먹고산다. 보험설계사다.

戊가 부친이나 뿌리가 상했고 旺水에 산사태가 나는 형상이라 일찍 사별했고 일간이 부친에게는 편관칠살이니 내가 태어난 후 8년 이내에 부친이 나빠진다.

申은 설기가 심하고 편관이라 남편성으로 볼 수 없고 午 중 己土가 남편이다. 일간과 명암합을 하고 자식궁에 있기 때문이다. 아내 같은 남편이고 나는 남편 같은 아내라 내가 내 주장하며 맞벌이를 한다.

午 중에 같이 있는 丁이 남편의 기운인데 년지의 壬과 암합하니 이혼남을 만나 결혼했다. 子午충하니 갈등이 잦고 양에 덜 차는 남편이다.

申은 흘러간 인연이니 혼전의 애인들이다.

午 중에 丙丁이 있어 내가 아들 하나 딸 하나를 낳았다.

辛이 정관이고 丑은 일지와 합하니 辛丑생 남편을 만났다.

寅대운 - 寅申충으로 직업상 애로가 생기고 寅은 甲의 장생지이자 건록이니 새로운 변화가 일어나는 운이다.

庚寅년에 거듭 寅申충이 일어나고 건록이 동한다. 직업상 큰 애로가 생겨 징계를 받고 직장을 옮겼다.

```
癸 乙 丁 乙
未 未 亥 巳  남자
```

대구에서 보러온 젊은 여성의 남편 사주다.

부친이 재혼을 했으며 이 사람의 어머니는 본처가 아니고 후처이며 시모님은 남편으로 인한 애로를 많이 겪었다고 했더니 눈이 둥그레졌다.

亥가 정인이나 내 어머니는 아니다. 亥는 나의 死地이고 흘러가는 물이라 나와는 인연이 아니다. 時干의 癸가 나 화초에 내리는 이슬비 같은 존재라 어머니다. 亥 중의 壬 다음에 癸라서 생모가 후처이다.

巳 중의 戊가 부친인데 巳亥충이 있고 戊에서 亥는 절지이니 이별한다. 癸와 戊가 멀어 생모와 부친은 정이 없고 부친이 무기력해

서 모친이 살림을 꾸려나갔다. 더구나 바람까지 심한 부친이다.

正印이라고 무조건 생모가 아니고 편인이라고 다 계모가 아니다.

메마른 사막에 단비 같은 癸라 당연히 모친 덕이 있고 편인이고 백호살에 놓인 어머니라서 대단히 총명하시다. 그래서 내 형제 중에 변호사가 두 명이나 있다. 어머니의 氣를 받은 것이다.

```
                    59
丙 庚 丙 甲        庚 辛 壬 癸 甲 乙
戌 戌 子 午 여자   午 未 申 酉 戌 亥 大運
```

괴강일에 戌이 또 있어 신왕해보이나 재관이 더 강하다. 괴강은 원래 재관을 싫어하는데 재관이 너무 왕하니 子로써 좀 쳐주어야 한다. 子는 희신이라 하나 있는 딸에게 목숨을 걸고 있다.

금수상관용식상격 사주이고 식상제살격도 겸하고 있다. 금수상관격 사주답게 생김새가 좋으나 丙의 극이 심하고 설기가 제대로 안되어 키가 아주 작다.

한 살 어린 乙未생이 남편인데 乙은 庚의 合神이고 未는 戌을 刑해주니 갈등이 심했고 이혼의 위기가 많았지만 해로하고 있다.

일지가 남편의 표출신인 丙을 입고시키니 남편을 틀어쥐려고 한다. 丙 또한 강하니 서로 갈등이 심하다.

괴강일주에 상관격이고 일지에 편인이 있어 두뇌가 아주 명석하고 직선적이며 다혈질이다. 편관이 솟아 지기 싫은 기질이 강하며 카리스마가 있다. 고집이 세다. 전형적인 북쪽 여성이다.

이 여성은 조선족이다. 부친이 경북 사람인데 만주로 강제 이주를 당했다. 이 여성은 교포 2세다. 만주에서 태어났다. 6세인 己亥년 부친인 甲이 己와 합하여 역마 발동하니 북송 교포를 많이 받아들이던 시절에 북한으로 들어갔다. 고향을 잊지 못하는 부친이 남한으로 가는 길을 물색하기 위해 온 가족이 북한으로 이주했다. 북한의 초대소를 전전하며 개성까지 내려오는 동안에 가지고 갔던 비단이나 돈이 다 날아가 버렸다.

부친은 밤마다 휴전선에 숨어들어 남한으로 가는 길을 찾다가 우리 국군이 총을 쏘는 바람에 다쳐서 남한 행을 포기하고 다시 두만강 쪽으로 올라가기 시작했다. 국경에서 온 가족이 다리 위를 뛰어서 탈출하다 둘째 언니가 붙들리고 구하러 간 부친도 잡혀서 하는 수 없이 온 가족이 다시 북한으로 들어갔다. 북한에서 유치원을 다녔는데 굶주린 생활이었다고 한다. 이삭까지 주워서 먹을 정도였다.

다시 북한을 탈출하기로 하고 한겨울 꽁꽁 언 두만강 위를 기어서 온 가족이 목숨을 걸고 탈출했다. 그 길로 멀리 흑룡강성까지 올라가 그곳에서 살았다. 부친은 농사꾼이었고 배움이 적지만 성격이 강하고 머리가 좋았다고 한다. 큰언니는 하도 공부를 잘해서 북한에서 학교 다닐 때 장학생으로 뽑혀 백두산 천지연 폭포로 여행까지 했다고 한다.

　甲이 부친인데 午 사지에 앉고 死神이 발동했으며 일간인 庚이 노리고 있는데 丙이 막아주나 丙이 합충되는 운에는 극이 일어난다. 癸대운에 癸가 丙을 극하니 庚이 서슴없이 甲을 극한다. 丙은 사신이 발동된 것이기는 하나 庚의 극을 막아주는 역할도 한다.

　이 여성은 문화혁명이 끝난 후 장학생으로 뽑혀 북경에 있는 대학에 갔다고 한다. 졸업 후 바로 총리 비서실에서 오랜 세월 근무했다. 문화혁명 때는 집단농장에서 4년 동안 강제 노동을 했으며 월급이 없는 초등교사 생활도 2년간 했다고 한다.

　子午충으로 生子別夫 사주라 결혼 전에는 그렇게도 따라다니던 남편이 자식이 생긴 후부터 정이 멀어지고 불화가 잦더니 급기야는 壬申년에 한족 처녀와 바람이 났다. 오랜 불화 끝에 자식이 빗나가기 시작하더니 결국은 감옥살이까지 했다.

　壬申 癸酉 대운에는 용신이 강해지는 운이라 크게 발전하고 돈이 많아졌다. 그러나 대운지가 비겁운이라 남편의 바람으로 고통이 많았다.

59

丁	乙	甲	己		庚	己	戊	丁	丙	乙
亥	亥	戌	丑 여자		辰	卯	寅	丑	子	亥 大運

　일주가 강하고 土星도 약하지 않다. 木과 土를 통관시키는 丁이

용신이다. 입으로 먹고 사는 사주니 상담업을 거쳐 부동산업에 종사하고 있다. 언변이 좋다.

甲은 日時支에서 올라간 나와 모친의 표출신이고 오빠이기도 하다. 甲의 합신인 己도 있고 丑戌의 土가 또 있다. 세 사람이 모두 재혼했다.

戌이 첫 남편이다. 자식인 丁이 들어있어서. 戌 중의 戊가 솟아오른 戊子생 남편을 만나 두 아들을 두었으나 서로 헤어졌다. 두 아들을 데리고 癸未생과 재혼해서 비교적 행복하게 살다가 庚대운 들기가 무섭게 庚이 甲己의 합을 깨는 바람에 사별했다.

子대운 - 夫宮인 丑과 子丑으로 합하고 도화운이라 결혼했다.

丁丑대운 - 丁은 나의 표출신인 甲에서 상관운이고 丑戌형이 일어나 서로 헤어졌다.

亥亥자형으로 형출되는 亥 중의 壬이 丁을 합거하는 형상이고 인수성이 강해 자식들이 진로 장애를 많이 겪었다. 아직도 한 자식은 애로가 남아 있다.

亥亥자형이 있어 신경질이나 폭발성이 있는 성격이다. 평소에는 말을 곱게 한다.

44

庚	辛	庚	辛		乙	甲	癸	壬
寅	卯	子	丑	여자	巳	辰	卯	寅 大運

신왕하고 金木의 교쟁이 있어 子가 설기와 통관의 역할을 하나

V. 자식 애로가 많은 사주

子丑으로 묶이고 천을귀인의 寅 중 丙火는 불투하여 좋은 사주는 못된다.

비겁을 제압하는 丙이 용신이나 약한 것이 흠이다. 약하니 더욱 남자를 밝히는 것 같다.

寅대운 어린 나이에 동거로 시작하여 아들과 딸을 낳았으나 기질과 성욕이 강하니 丙은 양에 차지 않는 남편이라 甲대운에 이혼했다. 甲은 남편의 표출신인데 운에서 투출되어 庚辛金에 극되고 군비쟁재가 일어나 손재와 이혼이 있었다.

子에 壬癸가 있어 아들과 딸이 하나씩이다. 연하 남편이 잘 거두고 있다.

辰대운에 寅卯辰으로 木局을 형성하니 연하의 총각과 동거하여 현재까지 살고 있으며 甲午생 애인이 또 있다. 어쨌든 에너지가 넘치는 여성이다. 낮에는 직장에 다니고 연하 남편이 있는데 또 늙은 애인도 있다.

일지와 명암합하는 庚을 남편으로 볼 수도 있는데 庚이 둘이고 辛까지 둘이니 남자가 不知其數라고 본다.

寅卯로 자라 오르는 木을 庚辛이 잘라주니 이발소의 면도양이다.

위 여성의 동거남

```
壬 庚 乙 乙
午 午 酉 巳  남자
```

년간의 乙은 과거의 여자들이고 월간의 乙은 현재 동거 중인 아내다. 巳酉로 金局을 이루니 과거가 있고 남자관계가 복잡한 여성이다. 乙에서午는 홍염살이니 더욱 뚜렷하다.

부친성인 乙이 金局과 양인살에 의해 절지에 놓이고 일간이 절신발동이라 부친과 일찍 사별했다.

```
                        21
壬 壬 乙 癸       己 戊 丁 丙
寅 申 丑 丑 여자   巳 辰 卯 寅 大運
```

丑이 나란히 둘이다. 寅申충으로 부부궁이 흔들리고 있어 재혼지명이다. 丑이 년지에 있어 조혼이다. 21세 戊대운초에 결혼했다. 戊는 겁재인 癸를 합거하니 경쟁자를 없애는 형국이라 결혼운이다.

癸가 남편의 표출신인데 겁재라 돈이 안 되는 남편이고 바람기 있는 남편이다. 겁재는 남편의 애인이다. 불화 끝에 이혼했다.

癸는 남동생인데 백호에 걸려있고 기신이다. 일지는 癸의 死地이라이 여성이 결혼할 무렵에 오토바이 사고로 죽었다.

```
丁 庚 戊 乙        壬 癸 甲 乙 丙 丁
亥 申 子 未 남자    午 未 申 酉 戌 亥 大運
```

금수강관격에 일간이 좀 약하고 조후가 필요하니 戊와 未가 용신이고 丁은 조후가 되나 약하다. 딸이 둘이다. 자식은 반듯하고 공부를 잘한다.

관은 약하고 식상은 강하니 반골 기질이 있다. 戊가 절대적으로 필요하건만 乙로 합하여 戊의 生助를 받으려하지 않아 공부는 뒷전이고 돈이나 여자의 꽁무니만 쫓는 격이다. 천성은 총명하나 공부와는 담을 쌓았다.

亥 중의 甲이 부친이나 별 쓸모가 없고 천간에 솟은 戊가 모친이고 년지의 未는 부친의 본처다. 乙은 모친의 첫 남자다. 모친은 첫 남자와 이별한 후 부친의 첩이 되어 형과 누나 그리고 나를 낳았다.

乙庚으로 합하여 형제 아닌 형제라 이복형제가 6명이라 모두 9명이다. 金은 4와 9다.

乙이 처다. 같은 乙未생을 만났다. 乙은 용신인 戊를 자극하고 산 너머 있는 형국이라 불화 끝에 이혼했다. 戊와 乙사이에는 원진살까지 있어 고부 갈등이 심했다. 이 남자는 마마보이고 모친에게 의타심이 많다.

丁은 딸인데 조후가 되는지라 금쪽같이 여긴다. 丁은 未에 뿌리가 있어 이혼할 때 아내가 데리고 갔지만 이 남성이 생활비를 보내고 있다. 별 능력 없는 이 남성이 다른 여자에게서 돈을 뜯어 자식에게 보낸다. 色情에는 뛰어난 기술이 있다고 한다.

亥대운 - 亥未로 木局을 이루어 용신인 戊를 극하니 부모 말이나 공부는 뒷전이고 어린 나이에 벌써 섹스를 즐긴다. 식상이 더 왕해지니 파출소가 내 안방이다. 그 모친의 속을 무던히도 썩이더니 퇴학되는 바람에 중학교도 나오지 못했다.

丙대운 - 편관운이니 폭력을 일삼고 관재가 잦았다. 戊대운까지 정신을 차리지 못하고 헤매고 다녔다. 戊未刑이기 때문이다.

乙대운 - 합신이자 재성인 운이라 乙未생 처를 만나 동거에 들어갔다. 乙대운은 재성이고 모친성인 未에서 올라와 모친이 돈을 대어주어 먹고 살았다. 모친이 돈놀이와 부동산 투기로 넉넉할 때였다. 행복한 순간도 잠간이고 이 남성은 여전히 색을 밝히다가 마약까지 손대며 모친이 주는 돈으로 흥청망청 살았다. 성욕이 아주 왕하고 섹스에 소질이 대단하다고 한다. 하기야 중학교 시절부터 갈고 닦은 실력이니 오죽하겠는가?

申대운 戊寅년에 19세 연하의 범띠 처녀를 건드렸는데 이 남성이 일하는 나이트클럽 사장의 질녀였기 때문에 죽도록 얻어맞고 쫓겨 나왔다. 몇 년 전 戊寅년에 범띠 여자를 사귀다가 헤어진 적이 있냐고 물었더니 잠시 생각하다가 하는 말이 "지금 23살짜리가 범띱니까?"

그 당시 이 남자가 40대 후반으로 접어드는 나이였기에 7세 연하의 범띠인가 싶었는데 하도 뜻밖의 소리를 해서 내가 오히려 놀랐다.

이 남성은 평생 유흥업에 관계된 일을 하며 살아왔다. 나이트클럽의 주임을 하기도 하고 자신이 직접 레스토랑을 운영하기도 했으나 여자와 도박에 빠져 흥청거리다가 알거지가 되었다. 늘 돈을 대어주던 모친이 甲戌년에 노상 객사해서 돈줄도 끊겼기 때문이다. 甲戌이 모친성인 戊와 未를 한꺼번에 극해서 모친과 같이 차를 타고 가다가 이런 일이 벌어졌다. 모친 사후에 모친의 재산을 정리해 보니 이미 통장이 텅텅 비어 있었다고 한다. 이 자식 밑에 다 들어간 것이다.

41

乙	乙	丙	壬		壬	辛	庚	己	戊	丁
酉	亥	午	寅 男子		子	亥	戌	酉	申	未 大運

처성이 뚜렷하지 않다. 合神으로 찾아보자 년지와 寅亥로 합하니 寅이 첫 부인이고 丙은 그 표출신인데 일지에서 올라간 나의 표

출신인 壬이 극하니 이별할 처다. 일지에서 올라간 것은 영향력이 더 크다. 寅 중에는 戊土도 있다.

일간과 명암합하는 酉가 재혼한 처다. 乙이 타고 있어 결혼한 적이 있는 여성이다.

己대운 - 午 도화 홍염에서 발동하니 연애 운이다. 군비쟁재가 되니 실연하는 운이다.

酉대운 - 합신 酉가 동하는 운이라 중매로 결혼했다. 合神운이라 정신적으로는 맞지 않고 육체적인 합만으로 살아간다.

庚대운 - 庚이 두 개의 乙과 쟁합하고 丙에 의해 극되니 불화가 극심했다.

戌대운 - 火局으로 기신이 강해지고 합신인 酉도 극되며 부부궁에 戌亥로 천문살이 드니 이혼했다.

辛대운 초에 후처인 酉에서 솟아 이혼녀를 만나 재혼했다.

상관사주에 역마중중하니 기술직이고 영업도 겸하고 있다. 직장변동이 잦다. 상관은 왕하고 酉관은 약하다.

흘러온 부부 운을 쭉 이야기하니 좀 놀라는 눈치였고 이것이 자기의 팔자라고 수용하는 것 같았다. 받아들이면 마음이 많이 편해진다.

46

癸	戊	辛	癸		丙	乙	甲	癸	壬
亥	辰	酉	卯 여자		寅	丑	子	亥	戌 大運

戊일간이 신약하고 일지 辰이 辰酉로 합하여 배임하니 從할 수밖에 없다. 土生金 金生水 하여 종재격이다.

중추에 장맛비 내리니 곡식이 썩는 상이고 일간이 쌍합하니 일주가 혼란스럽다. 좋은 사주는 아니다. 검고 누런 피부에 표정도 밝지 못하고 차림새도 품위가 없었다.

卯酉충으로 남편궁이 깨어지고 천간에 쌍합이 있어 재혼지명이다. 乙대운에 卯酉충이 유발되고 辛이 乙을 극해 불화와 이별 운이다. 본인 말로는 남편이 있다고 얼버무리나 남편에 대해선 한마디도 묻지 않는 것으로 보아 이미 헤어졌을 것이다.

상담을 하는 도중에 내가 물었다.

"옛날 여인네들은 재혼을 잘 하지 않는데 혹시 모친이 재혼하셨나요?"

갑자기 이 여성이 화를 내며 "엄마 이야기는 하지도 마이소." 했다.

이 사주에는 모친성인 火가 전혀 없다. 癸는 재라 부친성이다. 癸와 합하는 일간 戊가 나이기도 하지만 엄마도 된다. 戊가 쌍합을 하고 있어 모친이 재혼했다고 한 것이다.

2살인 甲辰년에 甲이 일간을 극하니 戊癸의 합이 깨어지고 癸가 辰에 입고하니 부친이 급사했다. 그 다음해인 乙巳년 3살 때 모친은 이 딸을 버리고 재가를 하였다. 친척집에서 고생과 설움 끝에 자랐으니 모친의 이야기는 듣기도 싫은 것이다.

卯酉충에 대해선 다음과 같이 말했다. 혼전에 애인이 있었고 그와의 사이에서 유산시킨 아이도 있다고 했더니 맞는다고 했다.

지금까지는 고생만 하고 살았고 한 번도 이렇다 할 운이 없었지만 46세인 내년부터는 장마 끝에 해 뜨는 형상이라 갑자기 좋아지고 얼굴에 금칠을 하듯 빛이 날 것이라고 했더니 얼굴이 환해지며 "그렇겠지예?" 한다.

짐작하는 일이 있느냐니까 자기 고향이 거제도 장목인데 거가 대교가 놓일 바로 그 자리에 집안 소유의 무인도가 있는데 자기도 유산 지분이 많다고 한다. 그 무인도를 3배의 가격으로 팔라는 업체가 있었는데 팔지 않았더니 이번에는 10배를 주겠다고 한단다.

丙寅대운 - 丙은 辛과 합하여 무지개가 서고 대운지 寅은 할 일이 없던 水를 유동시켜 할 일을 만들어주니 막혔던 일이 풀리고 따뜻해진다. 그야말로 팔자 고칠 일이 생긴 것이다.

				51							
丙	丙	辛	乙		己	戊	丁	丙	乙	甲	癸	壬
申	申	巳	未 여자		丑	子	亥	戌	酉	申	未	午 大運

건록격 사주다. 巳申형으로 祿이 기반되는 것이 가장 큰 흠이고 천간의 쟁합도 문제다. 내 돈과 남편은 먼저 본 놈이 임자다.

財 왕하고 일간도 巳午未 方合으로 인해 약하지 않으니 얼핏 보면 부자 사주인 것 같으나 비겁을 제해 줄 관성이 약하고 火金의

교쟁을 통관시킬 食傷도 미약한 燥土라 오히려 금전 애로가 많았고 의식이 자족할 정도에 그쳤다.

辛과 합하여 건록을 찾아가니 바르게 살려고 애를 쓰는 형이다. 정직하고 교과서적이다. 문창성이 있고 건록격이라 두뇌가 명석하다. 巳申형이 거듭되고 천간의 쟁합이 있어 신경질이 심했다.

건록격 사주라 14살에 객지에 공부하러 나갔고 甲대운부터는 부친 운이 기울어 친정으로 인한 고통이 심했다.

일주와 천간지합하는 辛巳가 첫 남편이고 辛卯생을 만났다. 재혼한 남편도 辛卯생이다. 일지의 壬은 편관이고 형합하니 남편성으로 볼 수 없다. 辛은 사지에 놓이고 사신발동한 것이 나니 그 인연이 좋지 못하다.

辛巳와 丙申일주는 서로 合刑破하니 만날 때는 얼렁뚱땅 신중하지 못한 만남이고 이내 갈등이 생기며 결국은 헤어지는 것이다. 辛巳에서 丙申을 보면 남편 같은 아내라 남편이 이 여성에게 의타심이 있고 무책임해지며 巳에서는 申이 돈이고 밥이라 돈 버는 기계로 취급하며 뜯어갈 궁리만 하게 되는 것이다. 더구나 천간의 쟁합이 있으니 내 남편을 남에게 주고 남의 남편을 내 남편으로 삼아서 살아야 한다.

부친인 申과 육합하는 巳에 나의 뿌리가 있으니 생모이고 부친의 후처이다. 부친의 전처는 년간의 乙이다. 巳午未 방합 속에 있는 많은 火는 배다른 언니이고 다섯이나 된다. 내 형제는 넷이라 모두 9남매다.

모친인 巳도 申과 두 번의 육합을 하니 결혼했다가 바로 과부가 되고 부친에게 재취로 시집온 것이다. 부모가 각각 재혼이다.

　남편인 辛巳도 두 개의 丙申과 天干地合을 하니 각각 재혼이다.

　巳에서 보면 내 일지이자 돈인 申이 형합당하고 巳에서 올라간 時干의 丙도 내 돈인 辛과 쟁합하니 형제와 모친이 수없이 뜯어갔으며 남편들도 내 돈을 다 녹여버렸다. 주변의 거의 모든 사람들이 이 여성을 밥으로 여기는 경우가 많아 금전적인 인덕이 너무나 없고 인간적인 덕도 없어 고독한 팔자다.

　년지의 未와 巳 중의 戊가 자식이니 아들과 딸이 하나씩이다. 巳에서도 時干의 丙으로 올라가니 자식을 이 여성이 책임지게 되었다.

　모친도 형제도 뜯어가며 정신적으로도 온갖 고통을 주는 바람에 의절한 형제가 둘이나 된다. 모친이 원수다. 乙을 모친성으로 볼 수도 있는데 땡볕에 서 있는 선인장 같아 갈증이 심하다. 모친이 술주정이 심하고 살림을 제대로 돌보지 않아 고통이 가중됐고 이런저런 이유로 친정이 아주 망해 버렸다. 형제를 공부시키고 결혼시키느라 甲申 乙酉대운에 고통이 극심했다. 申酉대운은 가뜩이나 약한 巳祿을 기반시키는 아주 나쁜 운이고 20년 대운이 모두 1급 태풍 속이라 죽을 고통 속에 살아남은 것이다.

　부친인 申이 문창성에 앉으니 교직에 평생 몸담으셨다. 아주 뛰어난 두뇌를 가진 분이라 이 여성이나 형제들이 모두 총명한 편이다.

壬대운 - 壬이 申에서 올라와 쟁합을 막고 호수에 태양이 비치는 상이라 부친으로 인해 나 일간도 빛이 나는 운이다. 부친이 교장에서 교육장으로 승진이 되고 살림도 크게 윤택해졌다.

그러나 壬은 형제인 丙을 극하고 丙은 모친의 표출신이기도 하니 출생 후 모친이 바로 病이 나서 6년간 앓았으며 그동안에 형제도 태어나지 않았다. 여덟 번째 딸로 태어나는 바람에 태어난 그날 丙申일에 巳申형살이 유발되어 모친이 이 여성을 죽이려고 하는 바람에 죽었다가 丁酉일을 거쳐 사흘째인 戊戌일에 살아났다. 그 후 모친이 바로 득병했으며 이 딸에게 별로 정을 주지 않았는데 午대운과 未대운에 모친의 표출신인 時干의 丙이 득세하여 모친으로 인한 고통이 극심했고 未대운 16살에 이 여성이 어린 나이에 죽으려고 음독까지 했으나 모친은 눈도 깜짝하지 않고 병원에도 데리고 가지 않았다. 자식을 원수같이 여겼다. 아무 이유도 없이 때리고 헐뜯기까지 했다. 모친은 배움이 짧고 정신력이 부실하다.

壬午대운에 형제성인 丙이 극되는 중 8살 壬寅년에 또 壬이 가중되고 寅은 3형살을 일으키니 17살 된 언니가 먼 경북의 외가에 가서 감을 따다가 떨어져 죽고 말았다. 그 길로 모친이 술에 빠지고 폭렬한 성정이 나타난 것이다.

午대운에 남동생과 여동생이 하나씩 태어났다. 부친은 이미 50이 넘었는데 너무 늦게까지 자식을 낳았다. 午대운부터 부친의 운이 기울고 집안의 빚이 늘어갔다. 午대운부터 모친이 갑자기 멀쩡하게 병이 낫고 생리가 이미 끝났는데도 동생을 둘씩이나 낳았다.

운이란 참으로 무서운 것이다.

壬대운에 이 여성이 아주 영특하여 스스로 글도 깨치고 공부도 열심히 했었는데 午대운에는 공부를 하지 않고 만화만 보고 집 밖으로만 돌았다. 집에 있으면 이유 없이 매타작을 당하기 때문이었다. 壬대운은 巳申형살이 유발되고 壬이 일간도 극하기 때문에 질병이 잦았다.

癸대운 - 癸가 쟁합하는 丙을 잡아주니 바른 정신이 들고 공부를 열심히 하여 성적이 뛰어났다. 그래서 지방 소도시에 유학했다. 착실했고 건강했다. 모친도 조후가 되는 운이라 정신이 들고 술도 마시지 않았다.

未대운 - 다시 조열해지는 운이라 모친이 갑자기 미친 듯이 술을 마시고 살림은 뒷전이며 이 여성만 보면 잡아먹을 것처럼 심한 고통을 주었다. 공부를 팽개치다시피 한 세월이 한 3년 흘러갔다. 癸丑년 고 3때는 정신이 들어 열심히 했고 성적이 쑥 올라갔으나 집안이 기우는 바람에 도살장에 가는 기분으로 敎大로 갔다. 모친이 무서워 불평도 하지 못했다. 나름대로 인생의 회의를 느껴 역학 공부에 빠져들었다.

甲申대운 - 巳祿이 기반되고 甲은 辛을 치니 집안이 아주 망했다. 겁살과 형살이 마구 들이치고 1급 소용돌이까지 있어 인생 최대의 고비였다.

申대운 - 合에 合이 풀리는 운이라 庚申년에 결혼했으나 1주일도 안되어 남편이 술주정으로 폭력을 휘두르기 시작했다. 사방에서 뜯어가고 남편이 탕진하는 바람에 입에 풀칠하기도 어려웠다. 부부 교사라고는 하나 거지같이 살았다. 인생에서 가장 지옥 같은 고통의 5년 3개월이 지나고 乙대운 乙丑년에 이혼했다.

乙酉대운 _ 戊辰년에 재혼했으나 남편이 사업으로 돈을 날리는 바람에 금전적인 고통이 극심했다. 41살이 되도록 방 한간 얻을 돈도 없이 가난 속에 살았다.

丙戌대운부터 호전되어 차츰 살기가 좋아졌다. 戌대운은 식신운이라 火金의 교쟁을 말리고 生財를 하는 운이며 亥대운부터는 조후가 되어 날로 윤택해졌다. 丙대운은 巳申형이 유발되고 巳祿이 입고하니 퇴직 운이다. 일찍 명퇴하고 역술인이 되었다.

丁亥대운 - 丁이 肉身인 辛을 극하니 크고 작은 질병이 잦고 丁이 未에서 올라오니 자식으로 인해 많은 돈이 지출되는 운이다.

亥대운이 되자 자식인 未에 亥未로 합이 된다. 亥중 甲은 자식인 未에서는 정관이라 아들이 7급 세무직 공무원이 되어 한시름 놓게 되었다.

庚寅대운 - 巳申형이 유발되고 寅申충이 일어나니 終命할 운이다.

48

己	辛	乙	癸		庚	己	戊	丁	丙	
亥	酉	丑	卯	여자	午	巳	辰	卯	寅	大運

신약하고 조후가 안 되며 두 개의 2급 소용돌이가 사주 전체를

흔들고 있다. 己는 겨울인 辛의 때가 되니 싫지만 신약하니 더러워도 참고 기대야 한다. 己는 모친이다. 己亥에 놓인 모친이라 술단지를 끌어안고 사는 형상이다.

己는 남편이다. 관성이 없으니 자식성인 亥 중의 甲과 명암합하는 己가 남편이다. 다른 여자와 13년이나 몰래 바람을 피우다가 어느 날 이혼을 요구해온 남편이나 더러워도 기대야 하니 이혼을 하지 않고 서로 별거 중이다.

생활력이 없으니 참고 기대는 수밖에 없다. 이 여성은 생활력은 없으나 돈 쓰는 데는 일등이다. 사치나 낭비는 하지 않으나 己에 기대는 사주라 배움에 목말라 하며 지적 콤플렉스가 심하다. 집이 망하는 바람에 9남매 중 유일하게 대학을 못 갔기 때문이다.

亥 중 甲이 부친이나 물속에 젖어 못 쓰는 나무라 태어나자 이내 부친 운이 기울기 시작하다 寅대운 14세에 완전히 집안이 몰락했다. 대운지寅이 부친인데 寅亥로 합하여 酉와 겁살했고 丙寅 대운이 부친성이 있는 시주와 3급의 소용돌이를 일으키니 사주에 있던 두 개의 2급 태풍까지 같이 휘몰아쳤기 때문이다. 이 여성이 태어나기 전에는 부친이 사회적으로 명망이 있었고 능력도 출중했었다.

寅대운 중학교 1학년에 학교를 그만두고 할 일 없이 지내다가 부산에 내려와 공장에 다니며 야간 여상을 졸업했다. 그러니 배움에 한이 많을 것이다. 총명하여 성적은 아주 뛰어났다. 늘 1등만 했었다.

丁卯대운까지 극심한 고생이 있었다. 卯대운에는 卯酉충으로 대장 수술이 두 차례나 있었다. 卯가 대장인데 酉와 멀리 수옥충으로 놓여 있다.

酉가 祿도화라 얼굴이 예쁜 편이다. 신약하고 설기가 심하니 살이 없이 마른 체형이며 아무리 먹어도 살이 찌지 않는다.

辛이 金局에서 홀로 솟으니 군계일학이라 또래 중에서 특출한 편이고 스타 기질이 강하며 남에게 내보이기를 좋아한다. 허영심이 강하고 제 잘난 맛에 산다. 巳대운부터 살림이 거덜이 났는데도 계속 여러 대학을 다니고 있고 어려운 살림이나 자식들의 공부에는 별로 관심이 없다. 음악과 관련된 학교를 두 군데나 다녔고 늦게 성악 공부를 하여 성가대에서 노래하며 뽐내는 맛에 살고 있다.

巳대운 - 巳亥충으로 巳 정관이 충되니 이혼의 위기가 있었고 남편이 하는 사업이 안 되어 살림이 다 날아갔다. 딸자식도 빗나가는 행동으로 애를 먹였다.

편인이 용신이라 총명하고 甘呑苦吐하는 성격이다. 태풍이 많아 걷잡을 수 없는 폭발성이 있다. 성질이 솟으면 20세 연상인 사람도 머리채를 잡고 폭행하는 바람에 경찰서에 간 적도 있다. 거짓말을 잘 하며 현실을 직시하지 못하며 환상 속에 살아간다.

戊辰대운은 신약한 사주에 좋은 운이라 우유 대리점으로 많은 돈을 만졌으나 간 곳이 없다. 현실을 직시하지 못하고 환상 속에 살아간다.

급각살 丑에서 기신인 癸가 발동되어 사주를 더 한랭하게 하니 허리의 병이 심하다.

癸가 딸이고 먼저 낳았으며 亥는 남편인 己와 동주에 있어 아들이다. 癸가 기신이라 애물단지이다.

28

癸 戊 甲 辛　　　　戊 己 庚 辛 壬 癸
丑 寅 午 酉 남자　　 子 丑 寅 卯 辰 巳 大運

戊癸合化火格이다. 일간이 강하니 육친 관계는 종하기 전으로 본다. 午 중에 있는 모친인 丁과 같은 기운인 丙과 합하는 辛이 부친인데 공망에 놓이고 化格에는 辛이 기신이라 쓸모없는 애물단지다.

酉는 술 단지라 부친이 술꾼이며 주벽이 심하고 도화발동한 것이 부친이라 바람둥이다. 色狂이다. 辛은 丙을 만나야 빛이 나니 丙은 부친에게는 합신이니 여자다. 그래서 여자를 밝히나 빛이 나는 것이 아니고 합거되는 것이다. 여자 때문에 망하는 격이다.

午酉충으로 부모의 인연이 끊기니 乙丑년에 부모가 이혼하고도 동거하다가 丙寅년에 아주 헤어졌다.

丑은 여동생이고 辛은 그 표출신이다. 辛酉는 조모이기도 한데 조모와 부친 그리고 여동생 이 세 사람은 얼굴이 추하고 하는 짓도 추하며 용모와 행동이 흡사하다.

甲이 辛酉에서 보면 정재라 甲을 모친으로 볼 수도 있다. 甲은 午 중의 己와 명암합하고 있어 모친이 부친과 이혼 후에 재혼했다.

辛酉는 모친인 甲에서 보면 쓸모없고 공망 맞은 官이라 모친이 남편 덕이 없고 직장 생활이 힘들었으며 20여년 다니다가 일찍 명퇴를 했다.

午는 甲에서 보면 상관이라 입으로 먹고사는 모친이며 丑午 귀문살에 걸렸으니 그 모친이 역술인이다. 정직하고 경우 밝으나 직선적이다.

여동생의 표출신인 辛酉에서는 午가 남편이다. 역시 충을 받으니 사이가 좋지 못하다. 시끄럽게 살아간다.

火格을 도우는 모친이니 모친 덕에 서울에서 대학을 마쳤으며 진로 장애를 겪는 오랜 세월 동안 말없이 이 남성의 뒷바라지를 했다.

財와 합하여 빛을 내는 사주라 국세청 7급 공무원에 합격했다. 기신인 辛酉를 쳐내는 辛卯대운 辛卯년의 일이다. 그해에 부친이 교직에서 명퇴를 했다.

癸巳년에 결혼할 것이다.

27

戊 己 癸 丙
辰 卯 巳 辰 여자

己 庚 辛 壬
丑 寅 卯 辰 大運

신왕하다. 卯가 용신이다. 卯辰으로 합하니 바람기가 있는 남편이다. 卯대운에 연애 결혼했다.

甲寅생 남편이다. 일간과는 합하고 겁재인 戊를 억제하니 좋은 인연이나 오빠인 戊辰이 일주와 1급 태풍 속에 있는 것을 쳐서 그런지 이 여성이 결혼 날을 받은 후 갑자기 오빠가 오토바이 사고로 죽었다.

戊己일주가 지지에 辰이 있으면 구두쇠 사주라 이 여성도 구두쇠다.

卯대운에는 활동하던 남편이 庚寅대운에는 놀고 있다. 庚寅은 일주와 또 1급 소용돌이가 돌고 상관운이며 寅巳형이 일어나니 풀리지 않는 운이다. 卯는 소토가 안 되니 남편이 별 능력이 없어 반백수다.

卯로는 소토가 안 되니 식상인 金으로 설기해야 한다. 식상은 기술이고 손재주니 미용실을 하고 있다. 내가 벌어서 먹여 살린다.

巳 중의 庚이 아들이고 丙과 戊로 나타나니 아들만 둘이다.

					59	9	
庚	辛	己	乙		乙	庚	
寅	巳	丑	酉	여자	未	寅	大運

일지에서 겁재가 솟고 신왕하며 재성이 약하다. 庚은 일지에서 솟은 나의 표출신이고 庚에서 보면 년지에 겁재가 있는 것과 같다.

V. 자식 애로가 많은 사주

년간에 투간된 乙을 부친성으로 볼 수도 있고 시지 寅을 부친성으로 볼 수도 있다. 乙은 절지에 앉고 절신이 庚辛으로 발동했으며 寅은 형살과 겁살에 놓여 부친이 일찍 돌아가실 명조다.

庚대운에 일지에서 또 庚이 투간하고 형살과 겁살이 유발되어 부친이 죽지는 않았지만 죽을 듯한 고통이 있었다고 한다. 재산상실과 우환 그리고 질병이 심했다.

일지의 丙이 남편이고 庚은 그 표출신인데 乙대운에 庚이 합거되니 과부가 되었다. 사주원국에서는 약한 乙이지만 乙未대운이라 힘을 얻었고 대운지 未가 金局을 깨어 형살과 겁살이 일어났기 때문이다.

남편인 巳는 金局으로 인해 사지에 든다. 시지 속의 丙은 庚이 타고 있어 남의 남자다.

```
甲 甲 丙 丙
戌 戌 申 戌   여자    梁海生
```

이렇게 단순한 사주는 보기가 쉽지 않다. 그러나 자세히 들여다 보면 뜻밖에 많은 것을 찾을 수 있다. 甲은 丙으로 가고 丙은 戌로 입고하여 모든 기운이 戌로 모이니 종재격 사주다. 申은 공망되고 旺火에 破가 되어 申 중의 壬水로 甲을 생조할 수 없다. 그래서 戌이 体가 된다.

戊에서 보면 월지 속의 壬이 부친이다. 申이 공망이라 부친 덕이 적고 역마 속의 물이라 부친이 선원이며 늘 떨어져 살았다. 부친인 壬에서 보면 丙丁火가 많으니 재혼하셨고 년지 속의 丁이 부친의 첫 부인이고 일지 속의 丁이 생모다. 후처소생이다. 년지의 戊이 이복형제라 이복이 한 명 있다.

申은 戊에서 식신이라 자식성인데 공망이고 旺火에 破가 되는 申이라 무자식이다.

일지 속의 丁과 암합하는 申 중의 壬이 내 남편이다. 戊子생 연하남편이다. 종하기 전의 사항으로 보면 년지와 시지 속의 申이 남편성인데 년과 시에 있으니 연하 남을 만난다.

공망된 申이고 壬이라 노력해도 결실이 미흡하고 금전 운이 나빠 식당 종업원으로 하루하루 힘들게 살아간다.

특이한 이름인데 물가에서 태어나서 그런 이름을 붙였다고 한다. 바다 海는 작명 시 쓰지 않는 글자다. 破子를 하면 海는 매일매일 물이라는 뜻이니 매일 눈물을 흘린다는 뜻도 되고 날마다 땀 흘리며 살아간다는 뜻이 된다. 바다는 쉴 새 없이 파도가 일어나니 풍파 속에 살아감을 뜻한다.

28

壬	戊	辛	辛		丁	丙	乙	甲	癸	壬
子	子	卯	酉 여자		酉	申	未	午	巳	辰 大運

正官破格이고 從兒가 다시 從財格으로 변했다. 이렇게 격이 여러 번 바뀌면 인생 여정이 순탄치 않다. 일지에서 솟은 壬이 일간 대행이 된다.

　壬에서 보면 양인이 둘이고 子卯 음형에 卯酉충까지 있으니 성격에 문제가 많다. 성질이 강하고 깐깐하며 신경질이 심하고 卯 상관으로 설기하자니 직선적이고 말이 밉상이다. 고집도 세다. 모가 난 성격이다. 거침없는 언행이고 무례한 성품이다.

　辛이 모친이고 酉 중의 庚과 암합하는 乙이 부친이다. 卯는 旺金에 부딪치고 음형살까지 있어 부모가 이혼을 하고 각각 재혼을 했다.

　辛도 둘이고 卯 중에는 甲乙이 있다. 壬대운에 모친인 辛에서 보면 상관운이고 부친인 卯의 死神이 발동하는 운이라 부모가 이혼을 했고 辰대운에 각자 재혼을 했다. 辰酉로 합하니 모친에게 남자가 생기는 운이다.

　壬辰 癸대운은 비겁운이라 생가의 운이 좋지 못하고 풍파가 잦다.

　강한 壬이 卯로 설기를 하자니 자연히 이성에 일찍 눈을 뜨게 된다. 辰대운에 이미 이성 교제가 있었다. 성욕이 강한 사주다. 신왕하고 귀문살이 있으니 섹스에 소질이 있다. 辰대운은 원래의 일간인 戊에서 보면 홍염살이고 壬에서는 편관운이라 공부는 뒷전이고 돈과 이성에만 관심이 있다.

　관성인 戊는 약하고 성욕과 기질은 강하니 부부 해로하기는 어렵다. 일부종사가 안 되고 남자가 수없이 바뀔 상이다.

巳대운에 戊의 뿌리가 되니 미리 혼인신고를 하고 동거에 들어갔다. 혼전임신을 했고 유산도 여러 번 했다.

甲대운이 오면 출산을 하게 되고 자식인 甲이 관성인 戊를 극하고 卯酉충이 유발되어 이별이 있을 것이다. 生子別夫가 일어날 것이다.

					40					
庚	丁	己	丁		乙	甲	癸	壬	辛	庚
戌	丑	酉	未 여자		卯	寅	丑	子	卯	寅 大運

자존심 강해보이는 여성이 왔다. 종격인지 정격인지 판단이 빨리 되지 않았다.

丑戌형으로 뿌리 하나가 상실되었으며 년주의 丁未는 너무 멀고 丑未충이 일어날 수 있어 도움이 되지 못한다. 종재격으로 보고 庚을 일간대행으로 삼고 사주 풀이에 들어갔다.

종하기 전의 상황으로는 보이지 않던 남편궁이 갑자기 눈에 들어왔다. 丁이 남편이다. 년간의 丁이 첫 남편이다. 종하기 전의 未 자식궁에 뿌리가 있기 때문이다. 丑未충이 있어 인연이 끊어졌을 것이라고 보고 입을 열었다.

"남편궁이 부실한데 지금 남편이 계십니까?"

"예"

"그러면 재혼하신 남편이겠네요?"

"예"

일주와 시주 사이에 3급의 소용돌이가 있어 또 물었다.

"재혼 남편과도 문제가 많을 텐데요?"

갈등이 있거나 무기력한 남편일 거라고 했더니 사람은 착한데 별 능력이 없다고 했다. 시어머니와 시누이로 인해 갈등이 심하고 그 식구들을 먹여 살리자니 힘들다고 했다. 다행히 혼인신고는 안했다고 한다. 혼인신고를 하지 말고 살든지 정리하든지 하라고 말해줬다.

庚을 체로 보면 庚戌 괴강이다. 자존심 강하고 외유내강한 성품이며 酉양인이 기술이니 미용기술자다. 水가 필요하나 없으니 직업이다. 庚에서 水는 식상이니 기술이다.

강한 金이라 丁이 필요하나 無根하고 木이 없어 虛한 남편이라 만나는 남자마다 무기력하거나 애물단지다. 그런데도 자꾸 남자가 그립다.

49

庚	壬	丙	壬		庚	辛	壬	癸	甲	乙	
戌	寅	午	寅	여자	子	丑	寅	卯	辰	巳	大運

극히 신약하나 庚에 의지할 수는 없다. 寅午戌 火局으로 인해 庚은 도움이 되지 못한다. 丙으로 종하니 종재격 사주다. 丙이 일

지에서 올라가 일간을 대행한다. 丙을 体로 본다.

丙이 체가 되니 庚은 부친이고 寅은 모친이다. 모친이 둘 되는 형국이라 부친이 재혼을 하셨다. 일지의 寅은 나의 모친인데 寅과 같이 있는 丙이 戌 중의 辛과 합하니 辛이 모친의 첫 남편이고 나의 부친은 모친의 재혼 남편이다. 戌 중의 辛은 旺火에 녹아 못쓰게 되어 모친은 첫 결혼에 실패하셨다. 辛은 나 丙의 합신이라 내 남편도 된다. 나 또한 부부 이별할 팔자다.

위와 같이 집어내니 이 여성이 입을 다물지 못하고 "선생님은 神氣로 사주를 푸세요?" 하고 물었다가 내게 핀잔만 듣고 말았다.

辰대운 - 辰戌충으로 戌 중의 辛이 튀어나와 丙과 합하니 결혼운이다. 결혼했으나 8개월 만에 헤어졌다. 冲出되어 合은 했으나 辛은 미약하고 丙은 너무나 강렬해서 辛이 합거되고 말았다.

辛대운 - 合神이 들어오는 운이라 결혼 욕구가 강해졌다. 재혼하려고 마음먹고 있다. 辛卯년에 남자가 생길 것이다.

재성이 약하고 군비쟁재가 심하니 寅대운까지 자영업을 여러 차례 실패하고 수중에 돈이 없다. 타인으로 인한 손재도 있었다.

이렇게 종격이 되는 사주들은 여린 듯하면서도 강인하며 고집이 세다. 종재격 사주는 돈에 대한 집착이 강하고 인색한 것이 특징이다. 평소에는 알뜰하다 못해 인색하기까지 한데 이런 사람들이 한 방에 많은 돈을 날리는 경우가 허다하다. 돈 욕심이 많아 투기로 돈을 날리거나 몇 푼의 이자 때문에 돈거래를 하다가 돈을 떼이는 경우가 많다. 필요 없다 싶으면 언제라도 배신하는 신의가 없는 형이다. 남자를 선택할 때도 돈이나 능력 위주로 고른다. 상당히 이기적이다.

```
                    31
癸 己 戊 丁        癸 壬 辛
酉 卯 申 酉 여자    丑 子 亥 大運
```

종재격 사주다. 丁과 戊는 기신이다. 戊는 형제인데 癸에 合死되고 있다. 3살 때 죽은 언니도 있고 오빠는 결혼과 동시에 원인모르는 장애인이 되었다고 한다. 오빠인 戊는 그 아내인 癸에 의해 合死되기 때문이다.

戊가 기신이라 형제로 인한 애로가 많고 금전적인 인덕도 없다. 자신도 종재격이라 돈 안 되고 필요 없다 싶으면 친구든 형제든 딱 끊어버리는 성격이다.

돈에 따라가는 사주라 욕심이 많고 인색하다. 癸를 체로 보면 나는 메마른 논밭에 내리는 이슬비라 결혼 후 남편을 번성시키나 卯酉충으로 부부 사이는 지극히 나쁘다. 자식과 돈 때문에 참고 사는 것이다.

식상이 혼잡되어 쌍나팔이라 한 입에 두 말 하는 성품이다. 말을 곱게 하다가도 갑자기 밉상스런 말이나 독설이 나온다.

癸를 체로 보면 戊가 남편이고 合死시키니 해로하기 어렵고 종하기전으로 보아도 卯가 旺金에 충거되니 해로가 어렵다.

水대운에는 金을 설기시키고 木을 生助하여 이별을 면할 수 있으나 甲寅 乙卯 대운에는 원래의 관성인 甲乙이 왕신과 충극하고 합거되기도 하니 위험한 운이다. 이혼보다는 사별할 가능성이 더 높다.

卯酉충으로 시누이가 이혼했다.

```
                              24
庚 壬 丁 壬           壬 癸 甲
戌 子 未 子 여자      寅 卯 辰 大運
```

신왕하여 丁未가 용신이나 丁이 쟁합되니 불길하다. 丁은 남편의 표출신이고 돈이니 돈을 보고 결혼했는데 별 볼일 없는 남자였다.

편인이 솟고 財와 합한 사주라 대단히 영악하고 돈을 밝히는 성품이다.

未가 첫 남편이고 戌이 재혼남이나 애인이다. 첫 남편의 표출신인 丁이 년간의 壬과 먼저 합했으니 남편의 본처인데 지지로 원진살이 있어 이 여성이 밀고 들어가 남의 가정을 깨고 후처가 되었다.

丁未는 일주와도 같은 구조라 나와도 불화가 극심하다. 甲대운에 낳은 아들이 하나 있다.

이혼하고 싶다. 卯대운이 오면 戌未형을 막고 있는 子가 卯와 음형살 때문에 제 구실을 하지 못하면 戌未형이 일어나고 壬에서는 卯가 상관운이라 이혼할 것이다.

```
                           24
甲 壬 丙 丁                   己
辰 子 午 巳 여자              酉 大運
```

인수성이 약하다. 년지 속의 庚은 부친의 애인이거나 재혼한 부인이지 내 어머니는 아니다. 일주와의 합도 좋지 못하니까.

부친인 丙 아래에 있는 午 중 丁火와 합하는 壬일간이 나도 되고 모친도 된다. 일주와 월주는 천충지충하니 좋은 인연이 아니라서 부모는 이혼한 뒤 각자 재혼했다.

子와 辰 중의 癸가 또 있어 부친은 모친과 이혼한 뒤 두 번 더 재혼했으나 역시 부부 사이가 좋지 못하다. 丙이 아주 강하고 水火相剋하니 누구를 만나도 원만할 수가 없다. 부친은 성정이 대단하다.

모친은 丁壬合이라 재혼 남편과 잘 살고 부친인 丙은 재혼에 재혼을 거듭해도 잘 살지 못하고 있다. 년간의 丁이 의붓아버지다.

월지 午 중 己가 내 남편인데 역시 불화가 잦다. 己대운 24세에 속도위반으로 결혼했다. 甲식신이 일주와 합하고 丁壬으로 합신도 있기 때문이다. 丁은 남편인 己의 표출신이기도 하고 일간의 합신이기도 하다.

```
                    49
甲 丁 甲 壬        己 戊 丁 丙 乙
辰 未 辰 寅 남자    酉 申 未 午 巳 大運
```

丁壬合化木格 사주다. 甲이 체가 되니 未土가 처다. 未는 두 개의 甲과 쌍합을 하고 있어 바람기가 있고 燥土라 木이 마르니 주색을 즐기는 처다. 丁은 처의 표출신인데 丁이 甲에서는 상관이라 자유분방하고 얽매이기 싫어하는 처다.

己대운이 들기가 무섭게 처가 이혼을 요구해왔다. 이 남성은 그 이유를 모르겠다고 하지만 처에게 남자가 있는 것은 분명하다. 처궁인 未에서 올라온 己가 甲과 쟁합을 하니 처가 양다리 걸친 형상이다.

변하기 전의 상황으로 보면 합신인 壬을 처로 볼 수도 있어 처가 같은 壬寅생이다.

```
                    11
丙 乙 癸 丁        庚 辛 壬
子 卯 丑 丑 남자    戌 亥 子 大運
```

V. 자식 애로가 많은 사주

겨울나무가 눈비에 젖는 형상이라 火가 필요하나 水의 극이 심하다. 일지에 祿이 있고 편인이 솟아 총명하고 재치와 순발력이 있으나 공부에 태만하고 매사에 게으르고 잠이 많다. 겨울나무가 웅크리고 있으니 게을러지는 것이다. 초년운까지 水운이라 분발심이 없고 공부에 소홀하다.

丙은 외조부이고 丁은 모친의 고모가 된다. 癸의 극이 심해 단명하거나 장애가 올 수도 있고 남편 애로가 극심했을 것이다. 실제로 모친의 고모는 실명했고 과부였다고 한다. 이 학생도 시력이 매우 약하다. 丙丁이 이 학생의 눈이기도 하다.

壬子대운 - 겨울비에 푹 젖으니 성장이 더디고 병치레가 아주 많다.

27

己	丁	丙	戊		辛	壬	癸	甲	乙
酉	巳	辰	午 여자		亥	子	丑	寅	卯 大運

丙은 일지에서 올라간 나의 표출신이고 午에서도 올라갔다. 巳중의 庚이 부친이니 부친의 표출신이기도 하다. 庚과 암합하는 월지의 乙이 모친이고 戊는 모친의 표출신이다. 乙은 일지의 庚과도 암합하고 시지의 酉金과 육합하니 모친이 재혼하는 형상이라 내가 물었다.

"혹시 모친이 재혼을 하셨거나 남자관계로 인해 시끄러웠던 일이 있었나요?

"예, 어머니가 아버지와 이혼하시고 재혼을 하셨습니다."

"그런데 재혼하셔도 재미가 적습니다. 또 이별하셨거나 아니면 모친이 몸이 많이 나빠졌을 수도 있습니다.

"아니 그런 것도 사주에 나옵니까? 우리 엄마가 재혼하신 후 이내 병이 나서 고생하시다가 돌아가셨습니다."

아주 신기하다는 표정이다. 간단하다. 乙은 辰酉로 합하면 절지에 이르고 사그라지게 된다. 卯대운에는 卯酉충이라 부모가 이혼하셨다. 寅대운 초 모친 표출신인 戊에서 보면 寅이 관성이고 寅午로 합을 하니 모친이 재혼했고 癸대운초 戊癸로 합거되니 모친이 돌아가셨다.

사주에 土星이 강하니 모친이 강강한 성품이고 辰巳 지라살이 있어 예민하고 모가 난 성정이시다.

寅대운 - 모친이 재혼하는 운이다. 寅巳형이 일어나 巳 중 庚이 형출되어 겁재인 丙에 극거되니 내 돈이 사라진다. 타인으로 인한 손재다. 천을귀인인 酉도 寅에 의해 겁살된다. 寅이 부실문서이기도 하다. 보증서다 손해를 봤다.

癸대운 - 겁재를 제압하니 금전 운이 회복되고 손실이 만회되었다.

壬子 癸丑대운은 좋은 운이다. 신왕 신약을 막론하고 투출된 겁재는 잡아주는 것이 좋다. 일지에서 겁재가 솟았기 때문에 초년

에 부친과 이별한 것이다. 그리고 만혼하는 것이 좋은데 32살인 현재까지 미혼으로 지내고 있다. 월지의 癸는 약하고 입고되어 남편성이 못되고 시지의 酉가 일지와 암합하니 내 남편이다. 아내 같은 남편이니 알뜰하고 천을귀인이고 도화인 酉라 남편의 용모도 단정할 것이다. 해로할 것이다.

```
己  甲  癸  乙
巳  申  未  巳  남자
```

甲己合化土格 사주다. 申과 癸가 기신이니 모친 및 부모덕이 없다. 년월주에 2급 소용돌이가 돌고 있다.

申 중 壬이 모친인데 巳와 두 번 합하여 재혼지명이다. 소용돌이 속에 들어있는 년지 土 중의 戊가 모친의 첫 남편인데 사별했다. 乙은 씨 다른 형제다. 나의 모친을 모시고 산다.

시지의 巳가 나의 부친이다. 일주와 天干地合했기 때문이다. 월간 癸는 내 부친의 첫 부인이고 백호살에 소용돌이까지 있어 흉사했다. 부모가 각각 부부 사별하고 재혼한 사이다.

甲己合하니 변하여 己가 체가 된다. 甲은 처다. 지지에 서로 형살과 겁살이 있어 부부불화가 심하다.

모친은 재혼한 남편(나의 부친)과도 사별한 후 乙과 살고 있다.

乙庚합하니까. 乙은 씨 다른 형님이다.

형살이 많고 소용돌이가 있어 다혈질이고 성질이 아주 고약하다.

土로 종하고 申이 기의 상관이라 건설계통의 기술자로 직장 생활을 하고 있으나 甲과 사신형이라 직업 불만이 잦고 자주 옮겨 다닌다. 역마의 관이기도 하다. 처음에는 자기 부인이 보러 왔으나 그다음에는 자신이 직접 왔다.

				37					
戊	庚	癸	辛		戊	丁	丙	乙	甲
子	子	巳	亥 여자		戌	酉	申	未	午 大運

戊나 辛은 도움이 되지 못하니 水로 종하여 종아격이 되었다. 일지에서 솟은 癸가 체가 된다.

巳에서 솟은 戊는 남편성이고 庚은 모친이고 辛은 부친의 첫 부인이며 무자식이다. 巳는 부친이고 巳亥충으로 부친이 첫 부인을 이별했다. 나는 후처소생이다.

巳亥충으로 부친의 氣가 끊어지니 단명할 부친인데 申대운에 부친이 돌아가셨다. 일간인 庚은 모친도 되지만 巳에서 솟으니 부친의 표출신도 된다. 乙대운에 庚이 합거되니 부친이 화재로 인해 큰 손해를 봤다. 그 후 丙대운부터 질병에 시달리다가 申대운에 돌아가셨다.

辛은 외삼촌인데 巳 중 丙이 외숙모다. 巳亥충으로 이별했다.

남편인 戊의 뿌리는 巳에 있는데 巳亥충으로 흔들리니 남편은 수차 직업 변동이 있었고 직업상 애로가 많았으며 현재로는 관광버스 기사다. 庚寅년에 회사를 그만두고 고물상을 하려고 물어보러 왔다. 대운지 酉가 巳를 합거시키니 손재할 운이라 하지 말라고 했는데 이미 일을 벌려놓고 왔다고 한다. 巳는 癸에서 보면 돈이다.

亥 중의 甲은 자식인데 巳亥충이 있어 첫 자식을 유산시켰다.

식상이 너무 많아 다변이고 말이 밉상이다.

남편이 戊이고 巳 중에서 솟으니 戊는 山이고 巳는 남쪽이라 부산 남자를 만났다. 본인은 물이고 북쪽이니 경기도에서 남쪽으로 내려온 것이다. 물을 막아줄 山과 따뜻함을 찾아 흘러온 것이다. 경기도가 고향이다.

58

辛	庚	己	戊		丙	乙	甲	癸	壬	辛	庚
巳	子	未	子	남자	寅	丑	子	亥	戌	酉	申	大運

신왕하며 土多埋金이다. 일주 홀로 많은 土氣를 설기시키고 있으며 子가 용신이다. 가상관격이다. 辛도 토기를 누설시켜서 반갑

지만 辛이 무근하여 별 도움이 되지는 못한다. 辛이 여동생이고 우애는 좋다.

년월에 기신이 가득하고 土氣가 나의 물 흐름을 방해하니 부모 덕이 없고 가난하게 자라 공고를 간신히 졸업했다. 물이 희용신이라 그런지 태어난 곳은 전북 부안 바닷가이고 부산영도에서 공고를 졸업했다. 일찍 부모 곁을 떠나 객지로 나왔다.

子 혼자서 고군분투하니 나 말고는 믿을 데가 없다. 자수성가형이다. 未 중의 乙이 처나 庫 속에 있고 己가 처의 표출신이라 아이 낳고 살림하는 재주밖에는 없다. 그래도 일지에 희신이 있어 처의 내조는 좋다. 아주 알뜰하게 살림을 하고 乙庚합으로 나를 잘 다룬다. 庚은 도끼의 날이고 乙은 그 자루니 둘이 만나야 쓸모가 생긴다.

未 속의 乙이 처라 乙未생이고 용모가 추하며 나보다 훨씬 못한 처다. 몸도 약하고 신경도 쇠약하다. 오직 성욕만 왕성할 뿐이다.

일지가 상관이고 일지가 모든 막힌 것을 뚫어주니 한전의 통신과장을 지냈으며 퇴직 후는 부동산 중개업을 한다. 입이나 손으로 먹고산다.

土多埋金이라 말수가 적고 우울해 보이고 그 속을 잘 알기 어렵다. 신중하고 주관이 뚜렷하고 착실하고 교과서적이다. 子가 상관이나 희신이라 식신의 역할을 하니 사람 됨됨이가 반듯하고 심성이 착하다. 좀 답답해 보이는 면도 있다.

겁재 辛은 死地에 앉고 그 死地는 내게 長生地가 되니 '너 죽

V. 자식 애로가 많은 사주

고 나는 살자'는 식의 시기심이나 경쟁심이 감추어져 있다. 엄청난 노력형이다.

未 중의 乙이 부친성이니 부친이 별 능력이 없고 비교적 단명하셨다. 60을 조금 넘긴 나이에 별세하셨다.

巳 중 丙이 나와 같은 뿌리이고 火는 2나 7을 의미하니 아들이 둘이고 둘 다 의사다. 未 중의 丁이 딸이고 평범하다.

초년 金운은 비겁운이라 몹시 가난했고 외아들이었지만 대학을 못 갔다.

壬대운에 水氣가 들어와 유통되니 풀리기 시작하여 방송국에 취직이 되었다. 대운말에 한전으로 옮기고 결혼도 했다. 壬은 부부궁인 일지에서 올라왔고 도화운이라 연애로 결혼했다.

戌대운 - 戌未형으로 부친과 처가 있는 자리를 친다. 부친이 병들어 이 남성이 빚이 졌고 심한 고부 갈등이 일어나고 부부 사이도 많이 나빠져 처가 신경성 병에 걸렸다. 힘든 시절이었다.

癸亥 甲子 대운까지 봄날이었다.

乙丑대운 - 대운지 子가 丑을 막아 물꼬가 막히고 乙丑은 시주인 辛巳와 4급 소용돌이까지 일으킨다. 한전을 그만두고 자회사의 이사가 되었으나 이내 그만 두게 되어 돈만 날리고 아까운 직장만 그만 두게 되었다. 바른 판단력이 흐려진다.

丑未충으로 모친이 위험하고 처도 건강이 부실해지기 쉽다. 乙이 冲出되어 辛에 극되니 금전 애로가 발생한다.

죽자 사자 공부하여 공인중개사 자격을 취득하여 처남과 함께 부동산을 차렸으나 재미가 없다.

가상관격에 인수운은 必滅이다. 건강도 조심해야 한다.

상관무재의 사주라 노력하나 큰돈이 없다.

사주에 土가 많으니 미신을 좋아하고 신앙심이 깊다. 독실한 천주교 신자다.

				54			
甲	甲	庚	丁	癸	甲	乙	
戌	子	戌	酉 남자	卯	辰	巳	大運

늦가을 다 자란 나무에 庚과 丁이 있어 좋은 사주다. 신약하니 子가 용신이고 丁은 조후도 되고 庚을 견제해 주니 좋다. 신약한 사주인데 庚이 너무 강하니 丁으로 견제해야 한다. 金이 강해지는 운이나 丁이 극되는 운이 오면 위험해진다. 식상제살격이기도 하니 어학 교사다.

丁은 나의 입, 언어가 되며 인수가 용신이라 중등의 국어 교사다. 戌은 溫土라 늦가을 나무에게는 더욱 좋다. 일지와 암합하는 戌 중의 戊가 처가 되니 처덕이 양호하다. 재물도 자족한 편이다.

雙木威林이라 카리스마와 보스 기질이 있다. 늦가을 나무에 丁으로 꽃이 피니 미남이다. 아들인 庚도 丁에 의해 잘 단련되어 미남이다.

子 모친의 양쪽으로 戌이 있어 모친이 재혼하셨다. 물론 부친도 재혼이다. 부친인 戌와 합하는 子 중의 癸가 모친이고 壬이 부친의 첫 처다. 나는 후처소생이다. 부모가 모두 재혼하셨다.

火대운에 순탄하고 행복하게 잘 살았다.

己丑년은 승진에 불리한 운이다. 己가 甲을 합거시키는 것은 좋지만 丑이 용신인 子를 합거하고 丑戌형으로 火庫를 치기 때문이다.

庚寅년에는 승진할 것이다. 庚이 비견을 극제하고 寅은 나의 건록이 되기 때문이다.

癸대운은 불길하다. 癸가 丁을 극하면 庚이 바로 일간을 친다. 큰 질병이 올 수도 있다. 순환기 장애나 머리 쪽의 질병을 조심해야 한다.

丁은 처의 표출신이니 부부가 다 몸조심을 해야 한다. 丁이 별러지지 못하니 자식에게 진로 장애가 올 것이다.

辰대운도 좋지 못하다. 辰戌충으로 庚이 일간을 극하니 직업상 애로와 자식 애로, 그리고 질병이 올 것이다. 퇴직 운이다.

```
                    18
乙 乙 甲 丙          壬 癸
酉 巳 午 寅 여자     辰 巳  大運
```

지지에 火가 왕해 甲乙木은 불타고 있다. 일지에서 솟은 丙을 체로하는 일간대행격이다. 종아격이다.

丙은 寅에 뿌리를 두고 있고 장생지니 寅이 모친이고 甲은 모친의 표출신이다. 巳 중의 庚은 부친이고 乙이 또 있으니 재혼하거나 바람을 피울 부친이다. 乙 또한 무근하며 旺火에 불타고 있어 오래 살 계모는 없을 것이다.

甲은 午 사지에 놓이고 旺火에 타고 있으며 丙은 사신이 발동한 것이니 모친을 이별할 사주인데 년월간에 놓이니 비교적 일찍 일어나는 사항이다.

辰대운 - 辰酉로 합하여 기신이 더 강해지고 辰 중에 있는 乙(甲의 뿌리)이 상하여 위험한데 己丑년을 만나 甲이 합거되니 모친이 돌아가셨다. 甲은 모친이고 모친의 정신력이나 머리인데 뇌출혈로 사별했다.

부모가 같이 갈빗집을 했는데 돈을 아끼느라 일하는 사람도 두지 않고 일을 하다 그리 되니 모친을 너무 부려먹어서 그렇다고 외가에서 부친을 구박하는 바람에 그 부친이 상담 중에 눈물을 많이 흘렸다.

오빠의 사주

				19		
壬	戊	乙	甲	丁	丙	
戌	申	亥	子 남자	丑	子	大運

V. 자식 애로가 많은 사주 231

戌 중의 丁이 모친이다. 입고되었으며 백호에 놓여 흉사가 예상된다.

丁丑대운에 丑戌형으로 丁이 튀어 오르니 壬이 합거해 버렸다. 己丑년에 거듭 형하니 모친을 사별하고 말았다. 丁丑의 백호대운이 모친궁을 쳤다.

VI.
결혼 후 막히는 사주

결혼 후 막히는 사주

辛 丙 戊 乙		甲 癸 壬 辛 庚 己
卯 辰 子 未 대운		午 巳 辰 卯 寅 丑 大運

　정관파격이라 식신용인격 사주가 되었다. 년간의 乙은 태산에 막혀 있고 시지의 卯는 辛에 눌려서 무정한 사주다.

　子가 남편이나 합신인 辛을 남편성으로 참고하기도 한다. 子는 일지에 입고되고 합신인 辛은 일지에 入墓되며 土多로 인해 남편이 하는 일이 풀리지 않는다. 해로는 하고 있지만 결혼한 순간부터 막히기 시작했다.

　辛卯가 합신이라 辛卯생 남편을 만났다. 辛卯대운 초 庚申년 겨울에 결혼했다. 辛卯대운은 합신하는 대운이고 庚申년은 水局이 일어나니 남편궁이 강해져서 중매로 결혼했다.

　남편은 원양선의 선장이었으나 결혼하자 곧 일이 막히기 시작하여 이내 배를 못 탈 일이 생겼다. 선원수첩을 뺏겼다. 밀수하다가.

고향으로 돌아와 잠업을 시작했는데 중공산 누에고치가 수입되면서 큰 빚만 짊어지고 말았다.

壬癸대운에는 남편성이 투출되어 남편이 군의원을 두 번이나 지냈으나 외화내빈이 되어 빚만 더 늘어 辰대운에는 대대로 내려오던 집마저 날아갈 지경에 이르렀다.

巳대운은 일간의 록이 되어 좀 나아질 듯하나 土를 더 성하게 하여 더욱 힘든 세월이었다.

辰이 급각살인데 여기에서 乙과 戊가 투출되고 戊는 기신이라 허리가 심하게 구부러졌다. 庚대운에 다친 것이 화근이다.

인수가 용신이라 심성이 착하고 예의가 바르나 심하게 인색하고 土多埋金이라 밝지 않다. 말수는 적은 편이고 아주 답답한 여성이다.

남편성인 子 중의 壬이 년지의 丁과 암합하니 남편이 결혼 후 오랫동안 유부녀를 사귀기도 했다. 이래저래 고통스럽다.

土가 기신이라 자식들이 현달치 못하다. 未가 아들이고 戊와 辰이 딸이라 1남 2녀를 두었다.

남편의 사주

					58						
甲	甲	辛	辛		甲	乙	丙	丁	戊	己	庚
戌	戌	丑	卯	남자	午	未	申	酉	戌	亥	子 大運

卯가 있지만 멀고 막혀 있어 일간이 무근하다. 土金이 왕하고 辛이 일지에서 투간하니 종관격 사주다. 辛이 体가 되어 일간대행이다.

金과 木의 교쟁을 水가 통관시켜야 하니 원양선의 선장이었다. 초년 水운이 양호하여 5년제 목포해전을 졸업하고 일찍 선장이 되어 돈도 잘 벌었고 전망이 밝아 보였다. 亥子대운이 좋았다.

戌대운 庚申년 겨울에 결혼했다. 辛에서 보면 甲이 처인데 둘이라 하나가 제거될 때 결혼이 성사된다. 甲이 둘이라 결혼 후 아내 몰래 한 동네 유부녀랑 불륜에 빠져있었다.

木이 재성이라 乙未생 처를 만났다. 乙은 처성이고 戌을 쳐서 卯가 戌에 입묘되는 것을 막아준다. 희생적인 처를 만나 해로는 하고 있다.

水가 없어 甲이 死木이 되니 재물 운이 없고 처가 결혼 후 허리에 심한 장애가 생겼다. 土多埋金인 사주에 甲이나 卯가 소토를 하지 못하니 처를 바라보면 가슴이 답답하고 다른 여자를 사귀어도 시원하지 못하다. 실제로 처가 착하기는 하나 참으로 답답한 여자다. 결혼할 무렵부터 土金운으로 흐르니 풀리는 일이 없다. 삶은 갈수록 고달파진다.

戊戌대운 - 戌대운 초 庚申년에 결혼했다. 戌는 戌에서 올라오니 처궁이 동하고 庚이 甲을 쳐서 처궁을 맑게 해주니 결혼 운이다. 결혼과 동시에 일이 막히기 시작했다.

土가 가중되니 하는 일마다 막히고 밀수하다 들켜서 선원수첩까지 뺏기고 고향으로 돌아와 농사를 시작했다.

木이 재성이니 뽕나무를 심고 잠사를 짓는 등 정부에서 엄청난 보조금을 받아 잠업을 시작했으나 곧 중공산 누에고치가 들어오면서 중단이 되고 빚더미에 올라앉았다.

戌이 卯를 또 入墓시키니 금전 애로가 컸고 부부간에 이내 권태가 왔다.

丁대운 - 辛이 하나 제거되고 경쟁력이 생기며 명예욕이 솟아 군의원에 선출되었다. 당선되어 활동하나 외화내빈이다.

酉대운 - 卯를 치니 금전 운이 더욱 나빠져 고통은 더해가고 부부 염증이 심해졌다. 辛에서는 酉가 도화홍염이니 이웃 여자와 눈이 맞았다. 卯酉충으로 부친이 별세했다.

丙대운 - 다시 경쟁력이 강해지고 거울에 빛이 나니 또 출마하여 당선되었지만 실속이 없다.

申대운 - 체인 辛에서 보면 겁재운이라 몹시 쪼들린다.

乙대운 - 甲乙이 辛과 부딪치니 농토와 집이 경매에 넘어가게 되었는데 가까스로 보류하고 있다.

未대운 - 土가 가중되고 3형살이 일어나니 더욱 캄캄해진다. 卯가 입고되니 처의 질병이 심해질 것이다.

47

壬 庚 戊 壬
午 子 申 寅 여자

壬 癸 甲 乙 丙 丁
寅 卯 辰 巳 午 未 大運

년주와 월주는 서로 장생지를 충하고 있다. 원래는 건록격 사주나 寅申충으로 申이 약해지고 申子水局으로 庚이 死地에 놓이게 되어 종할 수밖에 없다. 사주에 水가 왕하니 종아격이 되었다. 가종격이다.

종하기 전으로 보면 午가 남편이고 종한 후는 壬이 체가 되니 午 중 丁이 남편이다. 이래저래 午가 남편이다. 子午충으로 인해 아들 하나 낳은 후부터 남편이 계속 내리막길이다. 종하기 전후를 같이 살펴야 한다.

형제는 4水가 있어 나까지 4남매다. 종하기 전으로 보더라도 4 9 金이라 4남매다. 년간의 壬이 장생지가 충되고 戊의 극을 받아 단명이니 언니는 40대에 뇌혈관의 질병으로 단명했고 申 중의 壬 또한 장생지를 충받고 戊의 극을 받아 오빠도 60대 초반에 간질환으로 단명했다. 원래의 형제성인 申에서 보면 寅이 간이다.

寅申충으로 형제궁이 깨어져 형제 덕이 없고 오히려 형제가 내 돈을 축내는 형상이고 형제에게 이용당하는 꼴이다. 寅은 나와 형제의 돈인데 서로 축내고 있다. 형제간에 재물로 인한 고통이 많았다.

종한 후로 보더라도 子午충이 있어 子 형제가 내 돈인 午를 치고 있다. 언니와 돈으로 인한 갈등이 심했다. 우애가 좋았지만 금이 가고 말았다.

乙대운 - 합신이 들어오나 体에서 보면 상관이라 유부남과 사귀었으나 이루어질 수 없었다.

巳대운 - 甲戌년에 결혼했다. 甲이 체에서 보면 편관인 戌를 치고 지지로는 午戌로 남편궁이 강해져 34살에 만혼했다. 乙亥년에 아들을 낳았다.

寅巳申 3형살이 일어나 지지가 요동하니 남편이 실직하고 고부갈등이 심해지고 이혼의 위기가 있었다.

이 여성이 서른 살이 되었을 때 그의 언니가 지나가는 말로 내게 물었다. 내 동생이 언제 시집을 가겠느냐고. 내가 말했다. 34살이 되어야 갈 수 있다고. 뒤에서 두 자매가 비웃었다고 훗날 실토했다. 과연 그 나이가 되어서야 시집을 갈 수 있었다.

辰대운과 癸대운에는 더욱 갑갑해졌다.

辰은 왕수를 입고시키니 질병이 잦고 午를 설기시켜 금전 애로가 컸다.

癸대운은 壬에서는 겁재운이라 역시 고통스럽다.

이 사주는 원래 약한 건록에 의지하려는 기질이 있어 아무런 도움이 되지 못하는 형제에게 기대려다가 오히려 더 큰 고통이 왔다. 다 부서진 건록이 무슨 도움이 되겠는가?

이 여성의 남편 사주

```
                    44
丁 乙 丙 己        庚 辛 壬 癸 甲 乙
丑 亥 子 亥 남자   午 未 申 酉 戌 亥 大運
```

종강격 사주다. 강한 인수에 따르니 모친 닮은 데가 많고 심한 마마보이고 모친에 대한 情이 깊다. 亥가 乙의 死地라 모친을 두려워하고 치마폭에 많이 휘둘렸다. 일종의 母慈滅子가 되니 모친의 과잉보호가 있었고 모친으로 인한 피해도 많았다.

인수가 강하니 모친이 대단히 총명하고 기질도 강하다. 水局이라 모친이 여럿인 형국이다. 모친이 첩으로서 밀고 들어온 후처이다.

아들을 얻은 후 이 남성의 처가 찾아왔다. 남편의 직업 문제를 의논하기 위해 이 사주를 내놓았다.

내가 말했다.

"네 시모님은 첩인 듯한데 모르고 시집갔나? 잘 해야 후처일 거고……"

"예? 그럴 리가요. 첩이라면 어떻게 자식을 넷이나 낳을 수 있습니까?"

"네 남편에게는 이복형제도 있어."

"원래 후처나 첩은 자신의 입지를 굳히려고 본처보다 자식을 많이 낳으려는 심리가 있어. 동사무소에 가서 제적등본을 신청해 보렴."

그날 오후 늦게 전화가 왔다. 너무나 놀랐다는 것이다. 제적등본을 보니 자신의 시모님이 혼인신고가 된 시점이 큰 시누이가 초등학교에 입학하기 직전이었다고 한다. 그러니 첩으로 밀고 들어온 것이 맞다.

모친인 亥 중의 甲과 명암합하고 있는 년간의 己가 부친인데 亥가 또 있으니 바로 부친의 본처이다. 년지에 있으니 부친의 첫 부인이고 일지의 해가 내 모친이고 부친의 첩이자 후처이다. 후처라고 하지 않고 첩이라고 한 이유는 두 개의 亥가 같은 水局 속에 있고 형충파해가 없어 완전히 인연이 끊어지지 않았기 때문이다. 이 사람의 처가 제적등본을 떼어본 시점까지 부친의 첫 부인은 생존해 있다고 했다. 이 남성에게는 배다른 형과 누나가 한 명씩 있었다.

종강격에 土는 기신이라 물만 흐린다. 부친이 공직자였고 능력과 재력이 있었으나 첩인 모친과도 심한 불화 속에 살았다. 土는 처성이기도 해서 이 사람의 처에게 고부갈등이 없냐고 물었더니 아직은 없다고 했으나 곧바로 고부 갈등이 심해져서 이혼의 위기에까지 갔었고 지금도 관계가 좋지 않다. 처성인 土가 기신인지라 결혼 후 2년도 되지 않아 실직을 했고 퇴직금마저 모친에게 뺏기니 부부 갈등이 생겨 이혼할 뻔했다. 그 후 변변한 직업이 없이 힘든 나날을 보내며 살아가고 있다.

丙丁이 조후와 설기의 역할을 하는 희신인데 酉대운부터 막히기 시작하여 未대운이 다 지나가는 현재까지 고난 속에 살고 있다.

　庚午대운 - 왕신이 충극되고 희신인 午가 깨어지니 역시 불길하다. 질병이 오고 금전 애로는 여전할 것이다

VII.
결혼 후 풀리는 사주

결혼 후 풀리는 사주

丁 辛 丙 丁	庚 辛 壬 癸 甲 乙
酉 酉 午 酉 남자	子 丑 寅 卯 辰 巳 大運

　祿이 많아 취록격 사주다. 財가 하나도 없지만 결혼 후 날로 발전하여 큰 사업체를 운영하고 있다. 빚도 적어 실속이 있다.
　辛도 강하고 丙도 강해 서로 合去되거나 合去되지 않고 빛이 난다. 태양에 나 보석이 빛나는 상이다. 나 辛은 군계일학으로 솟아 형제나 또래 중에서 가장 특출하다. 맏이가 아니지만 맏이 역할을 한다. 년지에 있는 酉가 형님이다.
　丙은 합신이니 처이기도 하고 자식이다. 그리고 나의 직업이다. 자식들도 현달하다.
　내 직업은 땅속에서 올라온 金을 丁에 극되지 않게 잘 合을 하여 빛을 내주는 것이니 수출용 철근이나 금속제품을 포장하는 특수포장재 공장을 운영하는 것이다.

결혼하기 전에는 평범한 직장인이었으나 결혼 후 처의 내조와 복에 의해 나날이 발전하여 재물이 크게 불어났다. 처인 丙에서 보면 辛과 酉들이 모두 돈이다. 건드리는 것마다 다 돈으로 변했다. 그린벨트 안에 불법으로 지은 공장도 辛卯년 말 해제되어 땅값이 치솟았다.

丁은 丙의 남자 형제니 처남들이다. 다섯 명인 처남들이 모두 뜯어가는 애물단지들이다. 辛에 흠집을 내니 나를 괴롭히는 존재들이다. 나도 처남이 아주 싫다. 이 사람의 부인도 친정 쪽 동네는 쳐다보기도 싫단다.

도화 홍염살이 모두 발동되어 바람기가 많아 보이지만 바람은 피우지 않았다. 여자에 대한 관심이나 욕구를 상당히 강하나 여자를 두려워하는 기질이 있다. 왜냐하면 丙은 처이고 丁은 丙의 겁재라 이 남성의 애인이라고 볼 수 있는데 丁은 辛에게 흠집을 내는 편관이니 바람을 피우고 싶은 욕구는 있어도 실행에 옮기기는 쉽지 않다.

```
                    44
丁 乙 丙 己          壬 辛 庚 己 戊 丁
亥 亥 寅 亥 여자      申 未 午 巳 辰 卯 大運
```

곡직인수격 사주이고 조후와 설기를 하는 丙丁이 용신이다. 寅

亥로 합하여 丙의 기운을 약화시키는 亥가 기신이다.

기신인 亥는 모친인데 모친 덕이 없고 辰대운에 모친 질병으로 인해 어려움이 많았는데 巳대운에 모친이 돌아가셨다. 亥가 셋이라 모친 사후에 계모가 둘이나 있었다. 년지의 亥가 나의 생모이고 일지의 亥가 계모인데 얼마 살지 못하고 나가버렸다. 시지의 亥가 두 번째 계모인데 아직 부친과 해로하고 계시다. 寅과 멀어서 破를 면하고 있는 듯하다.

丙丁이 용신이고 쌍나팔이니 엄청 다변이다. 寅亥合으로 인해 그 氣가 약해지니 말을 더듬는다. 丙丁이 자식인데 다섯이나 낳았다. 위로 딸 셋이고 아들이 둘 더 있다. 자식을 낳을수록 재물이 불어났다. 巳午未 火운에서 빈손으로 100억대의 재산을 만들었다. 특히 午운에서 갑자기 확 불어났다.

물을 듬뿍 머금은 나무가 丙丁으로 꽃 피우니 남편이 조경업을 해서 축재했다. 직장에 다니다가 명퇴하고 사업을 했는데 갑자기 폭발적으로 풀렸다. 庚대운에 남편인 庚이 丙丁에 극되어 직업상 어려움이 많아 퇴직하고 午대운에 크게 벌었다. 용신이 강해지는 운이다.

조경업도 잘 되었지만 그 돈으로 장만한 농장이 그린벨트가 해제되는 바람에 부자가 되었다.

辛대운 - 남편성인 辛이 丙丁에 극되니 남편이 세 번이나 선거에 낙방하고 사업도 부진했다. 丙丁은 남편인 辛에게는 명예다.

未대운 - 곡직격에 순응하는 운이고 亥未로 합하여 세력이 커지는 운이라 남편이 드디어 시의원에 당선되었다.

壬申과 癸酉 대운은 역행하는 운이고 남편인 寅을 치니 불길하고 기울어가는 운이다. 재산상의 손실과 남편의 안전이 염려되는 운이다.

金이 없어 일지와 六合하는 寅이 남편이다. 초봄의 남자니 두 살이나 어린 辛丑생 남편이다.

남편의 사주

己	辛	丁	辛		辛	壬	癸	甲	乙	丙
丑	亥	酉	丑 남자		卯	辰	巳	午	未	申 大運

52

건록격 사주라 일찍 타향으로 나왔고 자수성가했으며 부친 덕이 없다.

丁이 년간의 辛을 억제하니 희신이라 정의감과 명예욕이 강하며 설기시키는 亥가 용신이다. 亥 중의 甲이 돈이라 조경업을 한다. 월간에 정이 있어 처음에는 직장에 다니다가 해가 상관이라 자영업으로 전환했다. 丁이 희신이라 자식이 생길수록 재물이 불어났다.

亥가 희신이고 처성인데 처의 사주에 亥가 셋씩이나 있으니 천생배필이다. 기가 막힌 궁합이다. 남편 사주에 없거나 부족한 水木을 많이 지닌 처의 사주가 큰 복을 가지고 온 것이다. 처가 사업의 대부분을 도맡아 하고 있다. 아주 내조를 잘하는 처다. 예쁘지도 않고 말도 더듬지만 복덩이다. 자식도 쑥쑥 많이 낳아주니 이 얼마나 고마운 일인가? 丁이 희신이니까 아들딸 모두 착실하고 효순하다.

火대운은 丁이 강해져 비겁이 억제되니 큰돈을 벌었고 壬대운에는 丁이 합거되어 주춤하는 운이니 낙선으로 인하여 돈이 새고 사업도 부진했다. 辰대운에는 辰酉로 합하여 맑아지니 시의원이 되었다.

				57					
癸	癸	辛	丙		乙	丙	丁	戊	己	庚
亥	巳	卯	申 여자		酉	戌	亥	子	丑	寅 大運

신왕하고 丙辛합으로 水가 秀氣되어 종격의 사주다. 종왕격이나 일종의 윤하격이다. 卯가 용신이나 金의 견제가 심해 큰 貴命은 아니다.

巳亥충으로 부부궁이 흔들리니 부부 불화가 극심했고 헤어질 고비를 수없이 넘기며 살아왔다. 충하며 합을 하니 풍파는 많아도 해로하고 있다.

일지에서 솟은 丙은 나와 남편의 표출신이고 동일하니 서로 끔찍이 사랑하나 좌우 명암이 심해 바람둥이 남편이고 과거도 있다. 이 여성도 한때는 바람을 피운 적이 있다. 남편궁인 巳는 년지의

申과 육합하니 申이 남편의 본부인이다. 申 중에 壬이 있어 자식도 있었다.

巳 중의 戊土는 종격의 기신이나 천간의 丙은 辛을 빛내주니 좋다. 丙에서 보면 金이 많아 여기저기에 돈이 널려있는 형상이다. 그래서 이 여성은 결혼 전에는 가난했지만 남편을 만나는 순간부터 빛이 나는 것이다. 결혼하자 곧 살림이 크게 불어났다. 丙은 이 부부의 표출신이다.

남편 표출신인 丙에서 보면 辛과 申이 여자이기도 하고 돈이기도 하다. 남편이 돈을 잘 벌었고 여자 또한 부지기수이며 년지의 申은 남편의 전처다. 동거로 만나 자식까지 낳았으나 던져두고 이 여성과 식을 올렸다. 그래서 이 여성은 오랜 세월 혼인신고도 못하고 살다가 戌대운에 남편이 호적을 정리하고 이 여성과 혼인신고를 했다.

戌대운이라 남편궁이 강해졌고 비겁인 시주와는 戌亥로 천문이니 이별이고 이 여성은 관성이 강해지는 운이라 호적 정리를 할 수 있었다. 말하자면 오랜 세월 동안 첩으로 산 셈이다. 주변 사람들은 잘 모른다. 정식 부부 행세를 하고 살았기 때문이다.

癸巳일주는 원래 고란살이라 남편 애로가 많고 老男과 인연이 있다고 한다. 그래서 이 여성의 남편도 9살이나 연상이고 유부남이다.

申 중의 壬이 전처와의 사이에서 낳은 딸이다. 日時에 있는 癸는 이여성이 낳은 두 딸이다. 딸이 모두 셋이다. 卯가 원래의 자식

성인데 濕木이고 辛에 눌려 있어 변변치 못한 자식들이고, 아들은 출산 도중 모두 사산이 되었고 난산으로 생명의 위험까지 있었으며 나중에는 자궁 적출 수술까지 있었다. 卯는 자궁이기도 하다.

丙은 남편도 되고 돈도 되니 돈을 보고 결혼했다고 봐야 한다. 가난하게 자라 대학도 못 가고 남편이 차린 작은 공장의 경리로 일하다가 눈이 맞았다. 부친의 반대를 물리치고 결혼식을 올렸다.

丑대운 - 丑이 남편인 戊의 귀인이고 뿌리가 되고 丁巳년은 남편의 표출신인 丙의 합신인 辛을 녹이니 경쟁을 물리치는 상이라 이미 처자식이 있는 남편과 모르고 결혼식까지 올렸다. 그러나 6개월도 되지 않아 남편은 바람을 피우기 시작했고 그가 유부남이라는 것도 알았으나 이미 임신할 후였다. 남편은 심한 바람둥이고 색광이었다.

戊대운 - 丙을 노리는 癸가 억제되고 子가 용신인 卯를 도우니 갑자기 남편이 하는 작은 공장이 번성하기 시작해 나날이 사업체가 늘어나고 돈이 쏟아져 들어왔다.

우여곡절은 많아도 戊子 丁亥 대운에 재산이 크게 불어나고 이 여성은 입만 벌리면 돈 자랑을 해대며 주변 사람들을 무시하기 시작했다.

남편이 그렇게도 애물단지지만 사람들 앞에서는 두 사람이 아주 잉꼬부부 행세를 한다. 심지어 아무 데서나 끌어안기도 한다. 둘 다 아주 가식적이다. 사생활을 숨겨야 하니까. 자랑할 것이 돈밖에 없으니 더욱 안하무인으로 군다. 편인인 辛이 丙을 만날 때 크게 되는 사람이 많다.

편인인 辛이 丙을 만나 빛을 내는 사주라 잔머리로 돈을 만드는 형이다. 공부 머리는 별로였지만 잔머리는 백단이다. 거짓말과 이간질에 능통하다. 丙辛合으로 光을 내고자 하니 아주 허영심이 강하고 진실성이 결여되었다. 시간의 癸가 방해물이라 더욱 기를 쓰고 잘난 체를 한다. 교양이 없다. 모든 가치관이 돈으로 연결된다.

丁亥 戊子년에 갑자기 큰돈이 들어와 남편이 이 여성에게 2억짜리 벤츠를 사줘 몰고 다니며 마음껏 光을 냈는데 1년 후에 갑자기 망하고 말았다.

戊대운 己丑년이 위험하다고 더 이상 크게 투자하지 말라고 했지만 내 말이 먹혀들지 않았다.

戊대운은 종격에 역하는 불길한 운이고 己丑년 또한 흙탕물이 일어나고 편관운이니 아주 위험하다. 己丑년에 미국발 악재가 터지면서 종업원 1,600명짜리 큰 공장이 날아가고 시비와 관재 속에 칩거하고 있다. 숨어 산다는 소문도 있다.

乙酉대운 - 월주 辛卯를 천지충하니 아주 망하든지 죽든지 하는 운이다. 남편과 돈이 있는 년주와는 1급 태풍이고 시주와도 2급 태풍이며 대운지 酉는 丙의 사지다. 남편도 돈도 모두 사라지는 아주 불길한 운이다. 모든 것이 끝날 것이다. 자식도 부부 풍파가 극심할 것이고 이별할 수도 있다. 모든 것이 일장춘몽으로 사라질 것이다.

그 남편의 사주

```
                    59
丁 戊 癸 丁      丁 戊 己 庚 辛 壬
巳 午 丑 亥 남자  未 申 酉 戌 亥 子 大運
```

신강하고 재도 왕하나 비겁을 견제해 줄 官이 없고 식상이 없어 흠이다. 食傷이 들어오는 金대운에 크게 발신했다.

亥는 전처이고 일간과 합하는 癸는 첩이자 후처인데 투간하고 있어 사람들이 첩이 본처인 줄 알고 있다. 亥 중 甲은 전처가 낳은 딸이다.

亥子대운에는 土水 간의 교쟁이 심해 가난한 집안의 맏이로 태어나 겨우 공고를 졸업하는 데 그쳤다. 작은 쌀집의 아들이었다. 지지에 土가 깔린 가운데 홀로 솟으니 군계일학이라 형제나 또래 중에서 특출하게 성공한 것이다. 인물도 괜찮고 성품도 원만하다.

신강하고 귀문살이 있으니 성적능력이 탁월하고 색광이다. 일지의 午도화살이 年時干에 표출되고 財가 水局을 이루니 天地에 돈과 여자가 널린 형상이다.

굽히기 싫은 성품이고 財와 합하는 사주니 직장은 삼사 년만 다니고 이내 작은 외주 공장을 차렸다. 亥대운은 편재운이라 돈 욕심이 나고 여자를 밝히는 운이다. 亥 중 甲이 있어 동거로 자식까지 낳았다.

庚대운 - 31살에 위의 여성과 결혼식까지 버젓이 올렸다. 처자식은 던져둔 채. 식신인 庚이 土水간의 교쟁을 통관시키니 돈이 쏟아져 들어왔다. 여자도 부지기수로 넘쳐났다. 식신(성욕)을 쓰면 쓸수록 돈이 잘 벌어지니 더욱 여자를 밝히게 되었는지도 모른다.

戌과 己대운에는 사업상 어려움이 많았다. 酉대운에는 다시 사업이 번창했고 戌대운에 어려웠다가 다시 申대운에 사업을 크게 확장했다. 金운이 오면 재물운이 크게 좋아지고 土운이 오며 크게 위축이 되었다.

丁未대운 - 일주와 1급의 소용돌이가 형성되고 대운지 未는 財庫인丑을 치는 가운데 己丑년을 만나니 겁재운이고 군비쟁재가 일어나 큰 공장이 일시에 문을 닫고 말았다. 중국에 차린 공장이라 숟가락도 한 개 못 건지고 말았다.

戊癸로 합하여 빛을 내려는 형상이라 결혼하면 돈이 불어나고 바람을 피우면 막혔던 일들이 풀리는 것 같아 더욱 색광이 된 것이다.

돈이나 여자로 인해 헛무지개를 피우려던 인생살이도 이제는 석양에 기우는 해처럼 되어버렸다.

59

庚	丁	甲	壬		戊	己	庚	辛	壬	癸	
戌	未	辰	辰	여자	戌	亥	子	丑	寅	卯	大運

화토상관용인격 사주이나 丁壬合化木格의 사주로 變格이 되는 사주다. 특히 壬과 합하는 결혼 후에 확 달라져 버렸다.

火土傷官格 사주의 영향을 많이 받던 처녀 시절에는 대체로 착하고 예의바르며 마음이 여린 참한 여성이었으나 丁壬으로 합한 후에는 완전히 달라져 주변 사람들이 이 여성이 미치지 않았나 하고 생각할 정도였다. 어느 것이 자신의 성격인지를 이 여성 자신도 모를 것이다. 아주 이중적이고 가식적이다. 化格이 되기 전과 후의 성격이 번갈아 나타난다.

合木格이 되면 우선 용신이 바뀐다. 木과 土를 통관시킬 丁이 용신이 된다. 甲이 체나 되고 丁이 상관이니 우선 말이 험악해졌다. 입만 벌리면 험담이나 이간질하는 거짓말이 일상사가 되고 사람을 면전에 두고도 약점을 일일이 지적하는 것이 취미가 되어버렸다.

상관용인격일 때는 인수가 용신이라 체면과 예의를 중시하나 결혼 후 그런 것은 완전히 날아가고 마치 돈에 미쳐서 날뛰는 것 같았다.

체인 甲에서 보면 庚이 편관칠살이니 丁으로 견제를 해야 한다. 庚은 강하고 丁은 상대적으로 약하니 더욱 말이 세게 나가야 한다. 庚은 남편이나 시집인데 결혼 후 1년도 안 되어 친정과 시댁이 다 망해버렸다. 그래서 시집과 친정으로 인한 애로가 커지면서 성격이 더욱 고약해지고 이해가 안 되는 언행이 점점 도를 넘어섰다.

甲이 체가 되면 일종의 재다신약격 사주가 되니 갑자기 돈에 대한 집착과 돈 자랑이 봇물처럼 터져 나왔다. 돈이 없으면 형제라도 거들떠보지도 않으며 가난한 형제들의 돈을 못 뜯어먹어 안달이 났다. 자연히 친정과 시댁 식구들과는 세월 따라 원수가 되어버렸다.

丁이 용신이고 아들이다. 丁이 戌과 未에 뿌리가 있으니 아들이 둘이다. 차남이 카이스트를 나온 공학박사다. 장남도 직업이 좋다.

일지의 未가 甲과 합하니 남편이라고 볼 수 있다. 아내 같은 남편이라 사업은 남편이 하고 있지만 이 여성이 좌지우지한다. 未는 甲을 入庫시키고 庚도 기신이라 부부 갈등이 심하고 정이 없어 이혼의 위기도 많았다.

壬이 년간에 있어 壬대운 말 23세에 조혼을 했다. 교대를 나와 교직에 2년 정도 있다가 바로 남편과 함께 공장을 차렸다. 水대운이 흐르면서 재물이 크게 불어났다. 庚대운에는 벽갑인정이 되어 더욱 발전했으나 庚이 甲을 치는 바람에 질병이 잦았다. 주로 신경성 병이다. 두통이 시작되었다. 하도 잔머리를 많이 굴리니 더욱 나빠졌을 것이다.

己대운 - 甲己로 甲이 사라질 판이나 대운지가 亥라서 존명했다. 갑자기 쓰러져서 뇌수술을 두 차례나 받고 간신히 살아났다. 辛巳년의 일이다.

甲辰을 항상 庚戌이 노리고 있는데 丁이 있어 막아준다. 丁이 합충되는 운이 위험하다. 대운지 亥가 未와 반삼합을 하는 바람에 庚戌과 甲辰의 충이 일어났다. 辛巳년은 년주인 壬辰과 1급 소용돌이까지 있어 더 위험했으나 대운지 亥의 덕으로 면했다.

丁이 용신이니 쉴 새 없이 지껄이고 입만 열면 독설이나 험구다. 丁이 아들이니 두 아들에게 목숨을 거는 형이다. 이 세상에서 유일하게 사랑하는 사람이 아들들이다.

상관이 용신이라 제 잘난 맛에 살고 甲이 지지에 많은 乙을 깔고 있어, 맏이가 아니었으나 언니가 죽는 바람에 맏이가 되었으며 맏며느리가 되었다. 군계일학이라 형제 중에 사는 것이 가장 낫고 그래서 더욱 안하무인이 되어 주변 사람들에게 고통을 주며 살아가고 있다.

戊戌대운 - 지지가 다 요동치니 돈과 몸이 깨지는 운이다. 終命할 수 있고 금전 애로가 커질 것이다.

戊	庚	辛	丙		乙	丙	丁	戊	己	庚	
寅	子	丑	申	여자	未	申	酉	戌	亥	子	大運

경기도에서 전화로 상담한 사주다. 金水傷官格 사주이고 寅 중의 戊 丙 甲이 다 희신이다. 신강하고 한랭한 사주니 억부와 조후에 다 필요하다. 그러나 丙은 합거되고 설기와 통관에 필요한 子는 丑에 묶여 있어 불길함을 내포하고 있다.

초년 亥子대운에는 춥고 배고픈 시절이라 가난하고 고생이 심했으나 결혼 후 갑자기 크게 좋아졌다. 寅 중의 丙이 남편이고 천을귀인이라 좋은 남편을 만나 戊戌 己 대운에 사업이 크게 좋아졌다.

酉대운은 丙의 사지이고 겁재운이라 손재와 시비와 배신당함이 있었으나 크게 나쁘지는 않았다.

丙申대운 - 丙이 同合하고 준동하여 丙辛合去가 일어나고 대운지 申이 용신인 寅을 치고 군비쟁재가 일어난다. 남편이 몽골에 사업차 가서 말을 타다 낙마하여 전신이 마비되고 5년째나 입원 중이나 차도가 없다. 역마충이라 낙마사고가 났다.

辛은 여동생인데 丙辛으로 합하여 丙이 합거된다. 金이 더 강하니까. 丙은 여동생의 남편인데 문창성에 있고 丙辛합으로 빛이 나니 아주 총명한 사람이었으나 결혼 후에는 하는 일마다 풀리는 일이 없다. 그래서 여동생이 이혼을 했다. 재혼해도 마찬가지일 것이다.

48

壬	辛	甲	戊		戊	己	庚	辛	壬	癸
辰	巳	子	戌 여자		午	未	申	酉	戌	亥 大運

甲목이 재성이라 의류업을 한다. 甲은 겨울나무라 온토와 조후가 필요한데 戊戌이 있어 뿌리내릴 수 있고 巳가 조후가 된다. 戊는 남편인 巳의 표출신이라 결혼 후 갑자기 크게 발전했다. 결혼하기 전에는 남편의 옷집 종업원이었는데 결혼 후 시내 요지에 대형

의류 매장이 7개로 불어났다. 이 여성이 이루어냈다. 남편은 바람을 피우느라 사업에 관심이 없다.

巳 중에 庚이 있어 남편은 유부남이었는데 이 여성이 그 가정을 깨고 들어가 후처가 되었다. 子는 전처소생의 딸이고 時干의 壬은 내가 낳은 딸이다. 남편은 나와 결혼 후에도 바람을 피우는 바람둥이다.

천간의 구조가 아주 아름답다. 나 辛은 壬을 만나 구슬을 물로 씻는 격이고 재성인 甲은 높은 산의 巨木이라 재물 운이 대단하다.

지지로는 부부궁에 辰巳 지라살이 있어 갈등이 심하고 남편의 바람으로 인해 괴롭다. 내가 처녀로서 남의 가정을 깼으니 당연한 업보다.

상관이 투간하니 자존심 강하고 거침없는 성격이다. 예민하고 깔끔한 성격이고 딸에 대한 집착이 남다르다.

내가 물었다. 己대운에 문서로 인해 돈이 땅에 파묻힌 일이 없느냐고. 그랬더니 배시시 웃으며 맞는다고 했다.

己는 부실문서이고 甲은 돈인데 甲己합으로 돈이 묶이는 형상이다. 甲은 정신력이고 머리인데 부실문서인 己로 인해 합거될 판이라 머리 아프고 갑갑한 운이다.

남해 보리암 근처의 어느 절 주지에게 돈을 빌려줬다가 일이 꼬여서 하는 수 없이 그 절을 인수하게 되어 골치가 아프다고 했다.

						58		
庚	己	甲	庚			戊	己	
午	亥	申	寅	여자		寅	卯	大運

甲이 남편인데 일지에서 올라가 일간과 합하니 부부 사이는 유정하고 남편의 잦은 해외출장으로 인해 庚의 극을 많이 땜할 수 있었다. 그러나 庚의 극이 심해지는 운이 위험하다.

戊대운 - 丁亥년이 오자 충중봉합이 일어나 寅申충이 유발되어 남편이 중풍으로 쓰러졌다. 己丑년이 아주 위험하다. 甲이 합거된다.

남편은 능력이 있고 돈을 잘 벌었다. 甲이 庚의 극을 피해 나와 합하여 물을 찾으니 나는 재수있는 여성이다. 나를 만난 후 남편이 크게 좋아졌다. 그러나 甲이 절지에 앉고 두 개의 庚이 絶神으로 발동하고 寅申충으로 甲의 祿인 寅을 치고 있어 늦도록 해로하기는 어렵다.

위 여성의 남편 사주

辛	庚	癸	丁			丁	戊	己	庚	辛	壬	
巳	子	卯	亥	남자		酉	戌	亥	子	丑	寅	大運

癸가 투간하여 금수상관격이다. 상관생재가 잘 이루어지고 木

局이있어 재물 운이 아주 좋으나 신약하고 조후를 깨는 癸가 있어 흠이다.

己대운부터 호전되다가 戊戌대운에 크게 발전했다. 癸가 조후를 깨는 기신인데 기신이 제거되고 신약한 사주에 힘이 되는 운이다. 돈을 많이 벌었다. 戊에서 보면 癸가 돈인데 새로운 문서가 일어나니 변동사가 좋게 작용한 것이다.

기신인 癸가 일지에서 솟으니 지나치게 직선적이고 안하무인이며 말이 밉상이다. 대신 정직하고 경우는 아주 밝다.

첫 자식을 잃는 팔자라 첫아이를 유산한 후 아들만 하나 얻었다.

辛이 여동생인데 사지에 앉고 일간이 사신발동이라 여동생이 요절했다.

癸子가 기신이라 남의 일에 참견하다 물질적인 피해를 크게 본 적이 있다. 癸는 녹슨 물이라 입만 벌리면 독설이고 남의 일에 참견하기 좋아한다.

酉대운 - 酉가 양인이고 수옥살인데 卯와 충하니 중풍 계통이다. 卯酉충은 중풍이나 대장 등이 나빠지기 쉽다. 丁亥년에 亥가 나의 장생지인 巳를 쳐서 생명의 위험이 왔다. 중풍으로 거동이 불편해졌다.

년월주에 4급 소용돌이가 있는데 丁亥년에 소용돌이가 유발되어 더 위험했다.

己丑년도 나쁘다. 丑은 巳酉합으로 巳를 더 약화시키고 일간인

庚을 입고시킨다. 일주와 1급 소용돌이가 형성되기도 한다. 終命할 수도 있다.

壬寅 辛丑 庚子 대운까지는 한랭한 대운이라 고전을 면치 못했다.

```
                    41
庚 乙 癸 壬        己 戊 丁 丙 乙 甲
辰 亥 丑 寅 남자   未 午 巳 辰 卯 寅 大運
```

겨울나무가 눈비를 맞고 서 있는 형상이다. 때 아닌 겨울 장마를 만나 뿌리째 뽑혀 떠다니는 浮木이 된 것이다. 년월주에 기신이 가득하고 초년 운이 비겁운이라 춥고 배고픈 형상이다. 가난해서 중학교도 채 마치지 못했고 부모 복이라고는 없다.

浮木이 둥둥 떠 내려와 山에 뿌리를 내리니 전남 고흥 바닷가에서 태어났지만 부산에서 오랫동안 살고 있다.

寅 중의 戊가 부친인데 不透하여 무능력한 부친이다. 戊와 합하는 癸가 모친인데 백호에 걸리고 년월주가 1급 소용돌이라 일찍 돌아가셨다.

壬은 나의 표출신인데 壬에서 보면 寅 중의 丙이 부친이다. 부친과 합하는 辛이 모친인데 水局에 떠내려가는 상이니 익사하시거나 산후 득병으로 돌아가시게 된다. 모친이 산후에 병을 얻어 고생 끝에 별세했다.

 庚은 계모이다. 浮木인 나를 잡아주니 계모슬하에서 자라났다.

 土星이 약해서 합신인 庚이 처다. 남편 같은 처라 든든하고 내조를 잘한다. 浮木인 나를 잡아주니 좋은 처고 결혼 후 나날이 발전하고 있다.

 庚에서 보면 壬이 딸이고 癸가 아들이다. 각각 하나씩이다. 아내인 庚보다 壬癸가 먼저 나와 있으니 동거하다 애 낳은 후에 결혼식을 올렸다. 결혼 후에 자꾸 발전했다. 운도 火운으로 흐르니 발전하는 운이다.

 불이 필요한 사주이고 乙庚합이 있고 편인이 있으니 기술자 사주인데 기계 기술자는 아니고 土가 절대적으로 필요해 밀가루를 반죽해서 불에 굽는 제빵 기술자이고 빵집을 차려 살림이 풍족해졌다.

 사주가 寒冷 寒濕하니 술을 좋아하고 주벽이 심하다. 또라이 기질이 있다. 평소에도 언행이 거칠다. 독설이나 험구가 심하다. 부부 갈등은 잦아도 처의 말은 잘 듣는 편이다. 언행이 이렇다 보니 시비구설과 사고가 잦다.

 급각살에서 기신인 癸가 솟아 허리와 다리의 질병이 잦다.

庚	戊	癸	丙		己	戊	丁	丙	乙	甲
申	戌	巳	戌 남자		亥	戌	酉	申	未	午 大運

戊癸合化火格 사주다. 火로 종하니 丙이 일간대행인 体다. 癸와 합하여 빛이 나고 화격으로 되니 결혼 후에 크게 발전하였다. 맨손으로 시작하여 현금만 수백억이다. 종한 후에는 庚申이 부친과 재물이다.

	처가 미모이고 체격도 좋으며 교양 있고 심성도 착하며 결혼 후 불꽃처럼 살림이 불어났다.

	원래의 일주가 식신이고 설기와 生金을 잘 해 준다. 庚申이 재물이 되고 부친도 된다.

	초년 丙대운까지는 가난했고 고졸로 그쳤으며 부친이 일찍 돌아가시어 고생이 심했다. 庚申이 부친인데 火대운에 극을 받아 무기력하고 단명이다.

	申대운부터 주유소 사업에 뛰어들면서 맨주먹으로 시작하여 천억이 넘는 재산을 모았다. 丙에서 보면 식신생재로 이어지니 이재에 밝고 운이 따라 주었다. 戊戌이 희용신이다. 通關과 生財를 한다.

	체인 丙에서 보면 戌 중의 辛이 처고 戊는 처의 표출신이다. 戊戌이 처가 되는 셈이니 처가 키가 크고 좀 비만하다. 식신이 처니 결혼 후 크게 풀리게 된다.

	戌 중의 丁은 여동생이고 일간 戊는 여동생의 표출신이기도 하니 여동생도 결혼 후 나날이 발전한다. 여동생 戊도 癸와 합하면 빛이 난다. 여동생의 남편이 말단 공무원으로 시작하여 광역시의 시장을 연임하고 있다. 申 중의 壬이 여동생의 남편이고 庚으로 표출되니 庚申이 강하여 얼굴이 네모지고 강한 의지의 소유자다.

여동생이 고졸에 그쳤지만 지금은 저명인사의 귀부인이다.

　戌 중의 辛이 처라 처를 옭아매고 귀문살이 겹치니 이 남성의 성격에 문제가 많다. 모가 난 성격이고 역학에 심취하여 서울까지 공부를 하러 다니던 시절도 있었다. 부인의 말에 의하면 자기는 아무 걱정도 없는 팔자지만 남편의 성격 때문에 숨이 막힐 것 같다고 한다.

VIII.
그 밖의 사연들

그 밖의 사연들

```
                              25
己 甲 丙 丁         壬 辛 庚 己 戊 丁
巳 子 午 酉 여자    子 亥 戌 酉 申 未 大運
```

甲己合化土格 사주다. 子와 酉가 기신이다. 년지의 酉나 午 중의 己는 과거의 남자다. 일간과 합하는 己가 남편인데 내가 변해서 土가 되니 己가 체가 되고 甲이 배우자다. 己는 시간에 있으니 만혼하는 사주고 만혼해야 천간지지로 합하는 좋은 배우자를 만날 수 있다. 己대운 말에 결혼하여 잘 살고 있다.

사주의 격은 좋으나 대운이 金水로 흘러 크게 발복하지는 못했다.

甲은 배우자도 되고 나의 직업도 된다. 甲이 물 위에 떠 있는 직업이라 나는 목욕탕 때밀이를 한다. 사주에 불이 많고 子午충으로 수증기가 부옇게 피어오르는 상이다. 직업을 내가 맞힌 것은 아니고 자기가 때밀이를 하는 아무개의 소개로 왔으며 자기도 같은 일을 한다고 말했다.

대운이 불미하나 열심히 노력하여 戌대운에는 돈을 많이 벌어 큰 집을 하나 샀다고 했다. 기신인 子가 억제되고 土가 보충되는 운이라 재물이 불어나는 좋은 운이다. 戌대운부터 자기가 때밀이를 시작하여 몇 년 사이 돈을 많이 모았다고 자랑스럽게 말했다. 보기 좋았다.

사람 됨됨이는 무던하고 교양이 있어 보였다. 신중하고 사려심이 있는 사주다. 甲己슴은 중정지합이기 때문이다.

내가 말했다. 申대운에 좋지 못한 인연이 스쳐가니 실연을 했을 것이라고. 그랬더니 전혀 그런 일이 없었다는 것이다. 申대운에는 申이 편관칠살이고 子를 생하여 좋지 못한 운이며 巳申형이 일어나니 유산도 시키는 운인데 그런 일이 전혀 없었다고 말하는 표정이 진실하고 진지해 보였다. 옆에 누가 있는 것도 아니니 거짓말을 하는 것 같지도 않았다.

내가 혼잣말처럼 중얼거렸다.

"이상하다. 유산도 시킨 운인데……."

그때 갑자기 그 여성의 눈동자에 뭔가 스치는 것 같았다.

"아! 그 일인가?"

이 여성이 스물을 갓 넘긴 어느 해 여름에 시골에서 살았기 때문에 낮에 호젓한 산길을 가다가 누군가가 나타나 숲 속으로 끌고 가서 성폭행을 당했다는 것이다. 딱 한 번 당한 일인데 그 길로 임신이 되어 유산을 시켰다는 것이다. 편관칠살이 나쁘게 작용하는 운에는 연애 운이라고만 봐선 안 된다는 걸 그 날 경험했다.

"그것도 팔자에 있는 일인가 보네요."

"예. 맞습니다. 팔자에 있어서 생긴 일이니 나쁜 기억이지만 두 번 시집갈 팔자를 땜했다고 생각하시면 좀 홀가분해지실 겁니다."

사주를 본다는 것은 과거나 미래를 알아맞히는 기능만 있는 것은 아니다. 역학적 상담은 가장 한국적인 상담이다. 예전에 상담심리학을 전공하는 대학원생이나 겸임교수들에게 역학을 한 1년 정도 가르친 일이 있었다. 그때 한 분이 이렇게 말했다. 자기는 서양식 상담인 카운슬링을 하는데 상담할 때 상대방이 자기의 속내를 잘 털어놓지 않아 힘들다는 것이다. '니가 뭔데 내가 입을 열어'라는 생각을 하는 것 같다는 것이다. 그런데 종이와 볼펜을 끄집어내면서 "내가 역학을 좀 공부했는데……" 하면 금세 반색을 하며 묻지 않은 이야기까지 술술 잘 털어낸다는 것이다. 다시 말하면 상담의 효과가 배가 된다는 것이다. 그 당시 역학 레슨을 받은 사람 중에 '역학을 이용한 상담의 기법'이라는 논문을 써서 내게 선물하기도 했다.

戊子년 여름의 어느 한가한 오후에 놀러온 친구랑 이야기를 나누고 있는데 손님이 들어섰다. 뚱뚱한 체구에 차림새가 깨끗하지 못하고 온몸에서 냄새가 나는 60대 초반의 여자 손님이었다. 친구는 가리개 저편으로 가고 상담을 시작했다.

甲	癸	戊	戊		壬	癸	甲	乙	丙	丁	
寅	亥	午	子	여자	子	丑	寅	卯	辰	巳	大運

戊癸合化格은 아니다. 甲이 戊癸의 합을 깨기 때문이다. 일지의 亥는 寅으로 인해 못쓰게 되었고 子는 공망맞고 子午충으로 뿌리가 되지 못하니 종하는 수밖에 없다. 어디로 종할 것인가?

천간으로는 戊와 합하고 爭合까지 있으며 지지로는 寅亥로 합하니 우왕좌왕하는 팔자고 인생 여정이 순탄치 못하다.

일지에서 솟은 표출신 甲이 체가 된다. 甲으로 제살하고자 하고 甲은 상관이라 사기꾼 기질이 농후하다. 甲에서 戊는 돈이라 돈을 합하기 위해 이리 저리 뛰는 형상이나 戊도 뿌리가 충되어 힘이 없고 일간과 합하면 절지로 가니 헛돈이다. 수옥의 충까지 있어 금전으로 인한 시비와 관재가 있을 것이고 전과가 있을 것이다.

범이 먹을 것을 찾아 이 산 저 산으로 뛰어다니는 형상이라 神氣가 좀 있어 보였다. 혹시 무당이 아닌가 싶어 조심스럽지만 불쑥 물었다.

"몇 번 이혼하셨습니까?"

"야, 두 번 이혼했소."

이렇게 묻는 나도 나지만 대답하는 이도 아주 시원스럽고 거침없이 대답했다. 보통의 부인들은 이런 질문에 당황하거나 토라지는데 당당하게 말하는 모습이 산전수전을 다 겪었구나 싶었다.

"이것저것 안 해 본 일이 없으시네요."

"야, 술장사 밥장사 가시나 장사, 여관장사 퇴폐영업까지 안 해 본 일이 없소."

"그런데 그 많은 업종 중에 무엇이 본업이네요?"

일부러 무업이라는 말을 썼다. 일반인들은 잘 모르는 말이니까.

"야, 나는 무당이오. 팔도시장 안에서 하고 있소."

갑자기 호기심이 발동했다.

"神이 들리면 귀에서 무슨 소리가 들리기도 하고 눈에 뭔가가 보이기도 한다는데 정말 그렇습니까?"

"거 다 거짓말이오. 나는 그런 건 아무 것도 없소."

"그러면 무엇으로 점을 친단 말씀입니까?"

"나는 글로 푸는 사람이오. 그래서 가게 이름도 靈 철학관이라 하요."

갑자기 짓궂은 생각이 들었다. 사주 명조를 적은 종이를 거꾸로 돌려서 보여주며 한번 읽어보라고 하였더니 그 당당하던 사람이 갑자기 당황하며 얼굴이 벌게졌다.

"나 글 모르요."

神氣도 없고 글도 모르며 무엇으로 운명을 감정한단 말인가? 아하, 사기꾼이 맞기는 맞구나 싶었다.

"남의 돈 많이 깨부셨네요?"

"야, 그래서 나는 숨어 사요."

자꾸 웃음이 나오려는 걸 간신히 참았다.

戊와 두 번 합을 한 사주다. 戊는 子午충으로 뿌리가 약하다. 남편과 규범에 따르자니 시의 亥와 육합을 하여 온전히 따를 수도 없다. 관과상관이 상극하는 사주고 수옥충까지 있으니 무법자 사주고 자유분방한 성격이며 언행에 거침이 없다. 나 하고 싶은 대로 살아가는 형이다. 사기죄로 수배 중이니 숨어서 거짓 무속인으로 지내고 있는 중이다.

戊가 합신이니 버릴 수도 없고 甲寅의 유혹도 뿌리치기 어렵다. 갈팡질팡하는 사주다.

자식이 생기면 부부 이별하는 사주니 생자별부다. 甲寅 乙卯 대운에는 이래저래 설치며 먹고 살았지만 운세는 서산에 기우는 해다. 몸에서 심한 악취가 나는 걸 보니 당뇨가 심한 것 같았다.

소개를 받고 온 것이 아니고 전화국에 볼 일이 있어서 왔다가 '간에 불이 댕겨서 간판을 보고 들어왔다'고 하였다. 전화국에 볼 일이 있다면 요금이 밀려서 전화가 단절되니 직접 요금을 내러 온 것이리라.

식당을 하겠다고 해서 말렸다. 온몸에 냄새가 진동하는데 누가 밥을 먹으러 올 것인가? 이미 운은 기울 대로 기울었다.

99년 己卯년에 30대 후반의 여자 손님이 왔다. 자기가 자궁암 4기며 몇 달밖에 못 산다고 복음병원의 의사가 사형선고를 내렸다는 것이다. 정말로 자기가 죽어야 하느냐고 묻는 그 여성의 얼굴을 바라보며 뭐라고 말을 해야 할지 기가 막혔다.

어찌 이 지경이 되도록 몰랐느냐고 물었더니 자기는 남편 따라 필리핀에서 4년간 살았는데 언제부턴가 허리가 아프고 자꾸 하혈이 있어서 병원에 수 차 가서 여러 가지 검사를 받았지만 아무런 이상이 없다고만 하더라는 것이다. 해가 갈수록 더 심해져 부산의 친정에 나와 복음병원에 갔더니 자궁암 4기라는 진단이 나왔으며 수술도 안 해주며 죽는다는 말만 들었다는 것이다.

지금 그 여성의 사주는 기억이 안 나지만 절대로 죽을 사주가 아니라며 열변을 토했던 기억은 있다. 가끔 암 환자가 직접 와서 물을 때는 무조건 산다고 힘주어 말한다. 그 사람들이 마지막 지푸라기라도 잡는 심정으로 와서 묻는 건데 바른 말할 필요가 있겠는가? 나까지 죽는다고 말하면 정말 허물어질 것이다. 살아가면서 선의의 거짓말은 필요하다.

그 후로 소식이 없길래 죽은 모양이라고 생각하며 안타까웠고 세월 따라 잊어버렸다. 5년 후인 甲申년에 한 통의 전화를 받았다.

"여보세요, 샘터명리원입니까? 혹시 서면 롯데 옆에 있던 그 철학관 맞습니까?"

" 예, 맞습니다."

"저어……, 선생님 하시던 분 맞습니까?"

"예."

그래도 못 믿겠는지

"저어, 체격이……."

"예, 저 뚱뚱합니다."

"아, 그러면 맞는갑다."

전화를 끊더니 한 20분 후에 음료수 한 통을 들고 나타났다. 아까 전화했던 사람이라면서 자기를 기억하겠느냐고 물었다. 기억을 못 하겠다고 하니 예전에 그런저런 일로 물으러 왔던 일은 기억이

나느냐고 물었다.

"예, 기억이 납니다만……."

"바로 제가 그때 그 암 환잔데요."

"아니, 뭐라구요? 그럼 살아나신 겁니까?"

나는 벌떡 일어나 그 손님의 두 손을 잡고 흔들어대며 그 고통을 다 이기고 살아준 것이 너무도 고마워서 눈물이 다 났다. 병이 다 나았다고 했다. 머리카락도 새카맣고 숱이 많아서 건강해 보였다. 의사도 기적이라고 했단다.

"그날 선생님이 '당신 사주엔 죽을 死字가 없다'며 한 시간도 넘게 팔을 흔들고 침을 튀기시며 말씀하신 게 아무래도 제게 큰 힘이 되어 제가 살아나게 된 것 같아 진즉에 찾아뵙고 인사를 드리려 했는데 어디로 옮기셨는지 주변 사람들에게 물어봐도 아무도 모르고 전화번호까지 바뀌어서 애를 태우며 세월을 보냈습니다. 그러던 어느 날 갑자기 머리를 때리듯이 114가 떠오르더군요. 그래서 114에 물었더니 양정에 같은 이름의 철학관이 있다고 해서 혹시 다른 사람이 거짓으로 샘터라고 하는가 싶어 여러 번 확인하고 오는 길입니다. 정말 고맙습니다."

이기적이고 자기밖에 모르는 싸가지 없는 사람들과는 너무나 다른 성품이었다. 고마운 걸 고맙다고 생각할 줄 알고 어렵게 찾아와서 인사를 해주니 평소에도 이 비슷한 성품으로 사람들을 대했을 것이다.

그러니 죽음의 고비를 넘길 수 있었을 것이다. 눈에 안 보이는 공덕이 쌓여 그의 목숨을 건질 수 있었을 것이다. 난 거짓말 한번 참으로 잘 한 셈이다. 거짓말로 공덕을 쌓기도 하는구나. 그 후로는 온 적이 없는데 아마도 건강하게 잘 지내고 있을 것이다. 건강 문제로는 더 이상 상담할 일이 없기를 바랄 뿐이다.

```
                          41
己 辛 丁 己           壬 辛 庚 己 戊
丑 亥 丑 酉 여자      午 巳 辰 卯 寅 大運
```

자기 친구와 함께 양산 덕계에서 찾아온 여성이다. 자기의 생일이 확실한지 몰라서 사주를 보러 다닌 적이 별로 없다고 했다. 그렇다면 이 사주대로 봐서 맞으면 이 생일을 믿으라고 했다.

먼저 성격이 고집스럽고 신경질이 심하며 직선적이라 밉상스런 말을 자주 뱉느냐고 물었더니 두 사람이 다 그렇다고 동의를 했다. 丁이 옆에서 자극을 하면 신경질이 있다. 辛은 원래 丁을 싫어한다.

보석에 흠집을 내는 丁이 반갑겠는가? 그리고 丁은 편관이라 지기 싫은 기질이 강하고 신왕하니 고집도 센 것이다. 亥로 설기하고자 하니 직선적인 말들이 튀어나오는 것이다. 때가 되는 己를 씻어내고 싶으니 깔끔한 편이다.

다음은 육친 관계를 말했다. 亥 중 甲이 부친인데 己와 쌍으로 명암합을 하고 있어 부친이 재혼하거나 바람을 피우는 형상이다.

부친이 자기 모친과 이혼을 한 후 다른 여자와 동거 중이라고 했다.

년간의 己가 모친이고 나와 형제들을 낳았다. 己는 酉丑으로 합하여 더욱 신왕하게 하고 겨울인 辛의 때가 되니 모친으로 인한 고통이 심했을 것이라고 했더니 모친이 이 여성의 돈을 많이 뜯어가서 큰 고통이 있었다고 했다.

丁은 시누이다. 시누이를 지극히 싫어하고 시누이에게 亥는 남편인데 亥子丑으로 물바다라 시누이가 이혼했느냐고 물었더니 그렇단다.

그다음 결정타가 될 만한 것을 말했다. 사주원국의 丁이 그나마 酉丑으로 합하여 일간에 피해를 적게 주지만 酉丑의 합이 깨어지는 날에는 바로 일간을 극하게 된다. 그 시기를 찾아보았다. 卯대운에 卯酉충하면 丁의 극이 일어나는데 대충 나이를 계산해 보니 卯대운에 丁卯년이 들어있었다. 그래서 물었다.

"1987년 丁卯년에 성폭행을 당한 적이 없었나요?"

그 여성이 옆에 있는 자기 친구의 눈치를 살피더니 이렇게 말했다.

"당하지는 않았고예, 당할 뻔 했습니다."

당했겠지.

"아무래도 이게 내 생일이 맞는 것 같네예."

丁	辛	戊	乙	
酉	卯	寅	巳	남자

戊는 월지에서 솟아 모친이라고 본다. 년주와 월주는 3급 소용돌이 속에 있다. 뭔가 큰 풍파가 지나갔다고 본다.

乙은 모친의 전남편이고 寅은 모친의 재혼 남편인 나의 부친이시다. 巳 중의 庚이 있으니 庚은 나의 씨 다른 형제다. 년지 巳 중의 戊는 내 부친의 첫 부인이다. 부모가 각각 재혼한 사이다.

이 사람의 처가 이따금씩 보러 오는데 어느 날 내가 이런 사항을 알아맞혔더니 얼굴이 붉어지면서 몹시 부끄러워했다. 그게 뭐가 부끄럽나? 불륜을 저지르고도 부끄러워할 줄 모르는 사람들이 문제지.

辛은 丁을 싫어하고 시주와 일주가 충하니 직장 생활을 싫어하고 동업하다 망하는 사주다. 실제로 퇴직한 후 내가 그렇게도 말렸는데도 동업으로 목재장사를 하다가 돈을 거의 다 날려버리고 말았다.

사주에 물이 필요하니 분식집을 해서 괜찮았으나 그마저 그만두고 다른 업종을 구상하고 있는 중이다.

卯酉충으로 대장인 卯가 상하고 수옥살까지 있어 맹장 수술이 있었다. 풍기도 조심해야 한다.

47

庚 丙 己 甲   甲 乙
寅 子 巳 辰 여자   子 丑 大運

건록격 사주이다. 부친인 庚이 절지에 앉고 나 일간이 절신의 발동이라 태어나 오래지 않아 부친을 이별할 사주다. 丙과 甲이 절신으로 발동된 것이다. 태어난 그 해인 甲辰년에 절신이 발동하고 庚의 장생지인 巳가 辰에 의해 설기되고 지라살도 가세하여 부친이 돌아가시니 한 살 때의 일이다.

일찍 타향으로 나왔고 내 힘으로 살아야 한다. 건록격은 부친 덕이 부족하고 일찍 타향으로 나오는 경우가 많다. 자수성가해야 한다. 목마르고 배고픈 사주라 金과 水를 갈구하지만 평생 돈과 남편으로 인해 허덕여야 한다. 庚은 설기되어 약하고 水는 고립무원이다.

辰 중의 乙이 모친인데 巳 중의 庚과 암합하고 있어 재가하여 낳은 씨 다른 동생이 巳다.

丑대운에 이 여성도 이혼을 했다. 子丑합으로 子가 합거되었고 子가 辰으로 입고하려는 것을 막고 있던 巳가 巳丑으로 합하는 바람에 子가 입고된 탓도 있다. 丑대운에는 庚이 입고되어 돈도 다 날아갔다.

정신력이고 머리인 甲이 己에 합거되고 辰巳 지라살까지 있으니 두통이 심하고 신경이 매우 예민하며 모가 난 성격이다. 건록격이라 경우 밝고 정직한 면은 있으나 다혈질이고 성질이 대단하다.

관상에서 팽이 턱이라는 것이 있다. 요즘 유행하는 V라인의 턱이 아니고 둥글게 내려오다가 턱의 밑 부분에 와서 팽이처럼 뾰족한 턱이다. 유독 밑 부분만 삼각형으로 가늘고 좁다. 팽이는 쉴 새 없이 돌아야 쓰러지지 않는다. 돌아가는 기능이 있어야 팽이로서의 구실을 하는 것이다. 그러니 이런 턱을 가진 사람의 인생 여정은 고달프기 짝이 없게 된다. 이리저리 떠돈다든지 삶이 다사다난하고 되는 일이 별로 없다.

살아오면서 이런 턱을 가진 사람을 딱 한 사람 봤는데 내가 잘 아는 여성이다. 어릴 때는 가난하게 살다가 처녀 시절에 부친이 돈을 많이 벌었다. 부친도 평생 되는 일이 없었는데 언제부턴가 비닐하우스에 쓰이는 물건을 도매하면서 일시적으로 돈을 만졌으나 돈 벌자 바로 돌아가셨다. 몇 년 후 모친도 병으로 고생하시다가 돌아가셨다.

이 여성은 대단히 야무지고 똑소리 나는 사람인데 사람 보는 눈이 없는지 아니면 관상이 그래서 그런지 만나는 남자마다 문제가 많은 사람들이다. 첫 남편은 신혼 때 감방에 가는 바람에 헤어졌고 두 번째 남편을 만나 아들 하나를 낳고 살았는데 바람둥이고 무책임하며 사기성이 있어 고생 끝에 헤어지고 말았다.

세 번째로 만나서 살고 있는 남자는 착하고 돈도 조금 벌어오는데 유부남이라 이 여성이 첩인 셈이다. 재혼 시절에 낳은 아들은 이 여성이 기르고 있으나 진로 장애가 심하다.

이 여성이 하는 일도 그렇다. 식당업을 몇 번이나 손댔다가 이내 그만두면서 손해가 있었고 남편도 자주 보기 싫어진다. 싫증내지 않는 일은 교회에 다니는 일뿐이다. 신앙이라도 있으니 삶의 고통이 상쇄되리라 여겨진다.

  턱이 너무 짧거나 뒤로 후퇴하면 좋지 않다. 심한 주걱턱도 좋지 않다. 턱은 가정궁이고 노후의 운세를 보는 곳이고 자식의 운과 수하인과의 관계도 본다. 턱이 둥글넓적하고 얼굴을 잘 받쳐주고 있으면 아주 이상적이다.

  턱의 가운데가 움푹 파여진 일명 제비턱이라는 게 있는데 부친이나 본인이 재혼하거나 심한 바람을 피우는 상이다. 남녀 간에 호색한 편이다.

  학생 시절에 이런 말들을 많이 들었을 것이다. 수학을 잘하려면 문제를 많이 풀어야 한다고. 사주 역시 마찬가지다. 사주를 풀려면 여태까지 배웠던 모든 공식이나 비법을 총동원하게 되는데 공부한 것을 적용시켜 풀지만 다양한 사주를 접하면서 터득하는 점도 많다. 아! 이럴 때는 이렇게 말하니 잘 맞구나…….

  사주를 푸는 데 절대적인 기준이 있는 것은 아닐 것이다. 用神格局만 가지고 푸는 사람도 있을 것이고 神殺이나 지장간만으로 푸는 경우도 있을 것이다. 그러나 복잡다단한 인생살이를 감정하려면 종합적이고 입체적인 방법이 좋을 듯하다. 꼭 자기 것만을 고집하지 말고 다른 이들의 비법이나 경험을 참고해서 적용시켜 보면 좋을 듯하다. 안 풀리면 이리저리 뒤집어도 보고 과감하게 고정관념을 깨보기도 해야 한다.

  자기 것만을 최고라고 우기는 사람치고 사주 잘 보는 사람을 보지 못했다. 조금 아는 것으로 마치 도통한 것처럼 으스대는 사람도 많다. 그러면 더 이상의 발전은 기대하기 어렵다. 자기가 잘하는 것은 학문이 높아서이고 다른 이가 잘 하는 것은 신기가 있어 잘하는 것이라고 폄하하는 것도 좋은 태도는 아니다.

어차피 우리는 자기가 개발한 학문에 의해 사주를 감정하는 것이 아니고 오랜 세월 선각자들이 닦아 온 여러 가지 학설이나 비법을 활용하는 경우가 태반이다. 누구의 무슨 비법이니 하는 것도 따지고 보면 그분이 스스로 개발했다기보다 세상에 전해져 오는 여러 설이나 비법을 잘 정리한 경우가 많다. 자기 나름대로의 학설을 개발해내는 것도 아주 뜻 깊은 일이다. 그것이 오랜 세월 동안 여러 사람에 의해 검증되고 더욱 다듬어져 역학의 발전을 가져오는 것이다.

그리고 끊임없이 공부하고 다듬어서 易을 발전시키는 그 자세와 그렇게 체계적이고 학문적으로 잘 정리했다는 것만으로도 칭송받아 모자람이 없다. 그렇지만 자기가 창안했다고 우기는 어리석음은 보는 이로 하여금 안타까움을 자아낼 뿐이다.

사주를 본다는 것은 가장 한국적인 카운슬링이다. 서양식 기법으로는 속내를 열지 않는 상담자들에게 "아, 내가 역학을 좀 연구했는데……" 하면서 종이와 볼펜을 꺼내니 눈을 반짝거리며 묻지도 않는 말까지 털어내 놓더라는 어느 심리학 교수의 말이 생각난다.

사람들이 자기의 미래가 궁금해서 보러오는 경우도 있지만 혼자서 해결이 안 되는 고민을 상담하러 오는 경우도 많다. 이럴 때 선행되어야 할 문제는 우선 사주나 당면한 운세를 잘 맞히는 일이다. 그리고 나면 스스로 자기 마음을 열어 보이면서 적극적으로 상담에 임하게 된다.

우리는 오랜 세월 易을 연구해 왔고 상담해 왔으니 그들보다는 열린 눈이나 마음을 지니고 있어야 한다. 방문한 손님이 돈으로 보이면 그는 이미 역학을 연구할 자격이 없다고 본다. 마음이 아픈 사람에게 눈높이를 맞추고 진심으로 상담해 주면 그 사람에게는 큰 위안과 도움이 될 것이고 우리는 그것으로 큰 공덕이 된다고 본다. 여러 가지 장난을 치는 경우가 있는데 그 바람에 역학이 오인되는 것이다.

인간의 운명을 안다는 것도 중요하지만 역의 의미를 깨닫고 슬기롭게 살아가야 한다. 지금 잘 나간다고 해서 자만하거나 경거망동하지 말고 지금 어렵다고 자포자기하지 말며 항상 겸허하고 성실하며 신중하게 살아갈 것을 말없이 가르쳐 주는 학문이다.

오래 전 몹시도 고통스러울 때 역학은 나에게 많은 힘을 주었다. 종교보다도 더 강한 믿음을 주었고 많은 위안이 되었다. 역에 심취해 있지 않았다면 그 시절을 넘기지 못했을 것이다. 쉽게 말하자면 팔자소관으로 돌리고 운명을 수용하며 주어진 여건 안에서 최대한 성실하게 묵묵히 견뎌나가는 수밖에 없다. 그러면 삶의 고통이 줄어들고 삶에 대한 희망도 생기는 것이다. 그것이 易의 힘이고 향기다.

처녀 시절에 섬에 첫 발령을 받아 2년 못 되게 머무른 적이 있었다. 부임한 지 6개월 만에 옆 반에 B선생이 전근을 왔다. 30대 중반의 2남 1녀를 둔 아주 착실하고 가정적인 분이셨다. 혼자 벌어서 많은 가족을 부양하자니 아주 알뜰했다. 홀어머니도 있고 남동생도 도와야 한다고 했다. 섬에서 태어나 지지리도 가난한 형편이라 대학을 가지 못했으나 뛰어난 머리 덕분에 교직으로 나올 수 있었다.

마침 비어 있는 사택이 있어서 그 많은 식구들이 그곳에서 살게 되었고 부인은 객지에서 온 남자 교사들의 하숙을 쳐서 생활비에 보태고 있었다. 부인은 배움이 짧았고 남편과는 어울리지 않는 사람이었다. B선생은 말수가 적으며 신중한 사람이라 인기가 있었다.

하루는 사택을 지나다가 놀라운 모습을 보았다. 그 남자 선생이 신발을 깁고 있었다. 신발까지 기워서 신는 사람은 그 당시에도 처음 봤기 때문이다. 부부가 다 알뜰하다 못해 인색할 정도였고 특히 돈에 대한 집착이 강했다. 그 덕분인지 그때 이미 부산에 판잣집 비슷한 집을 한 채 지니고 있었다.

그 후 나는 그 섬을 떠났고 한 10년 후에 길을 가다가 우연히 그 부인을 만나게 되었다. 자기 남편이 양산으로 옮기게 되어 아이들 교육 때문에 부산으로 이사를 왔다는 것이다.

그런데 이미 자기 남편이 슬슬 바람기가 동하고 있다고 했다. 춤을 배운 것이 화근이 되어 이 순진하고 착실한 선생이 푹 빠져버린 것이다. 질투가 유난히 강한 자기 부인과 극심한 부부 불화가 시작되고 입에 못 담을 욕설과 폭행이 반복되고 자식들도 아버지에 대항하여 싸우게 되니 결국 이 남자 선생이 처자식을 버리고 집을 나가 버렸다.

생활비를 받기 위한 소송이 시작되고 서로가 서로에게 너무 많은 상처를 주게 되어 도저히 수습이 될 수 없는 지경에 이르렀다. 지금까지 20년이 넘는 세월을 별거하게 되었다. 가족이 아니라 원수가 되었다.

훗날 퇴직하면서 퇴직금을 연금으로 돌리지 않고 일시불로 다 받아버렸다. 혹시 자기가 죽은 후에 유족연금이 자기 처에게 돌아가는 것이 싫단다.

그 부인은 날마다 절에서 살고 있다. 절과 산에서 마음을 달래고 있다. 온 산을 헤매고 다녀도 아픈 마음과 고독은 달랠 길이 없다.

남편의 사주

				68							
丙	辛	壬	壬		己	戊	丁	丙	乙	甲	癸
申	丑	子	午 남자		未	午	巳	辰	卯	寅	丑 大運

금수상관격이니 조후가 시급해서 丙이나 午가 필요하나 子午충으로 午는 부서지고 丙도 辛에 의해 합거되며 木이 없어 좋은 사주는 아니다. 두 개의 壬이 丙을 노리고 있어 나의 언행으로 인하여 자식과의 인연이 끊어지는 형상이다. 丙으로 인해 辛이 빛이

나니 두 아들이 수재다. 壬은 나의 언행이다.

두뇌명석하나 상관기질이 강하다. 겉으로는 감추어져 있지만 壬에 子가 양인이라 독설과 험구가 심하다. 년과 월에 1급 소용돌이가 있어 폭발성이 있는 성격이며 가정이 온전할 수가 없다. 월주는 가정궁이다.

甲寅 乙卯 대운까지는 착실하고 좋은 가장이었고 운도 좋다. 강한 水를 통관시켜 生財로 이어주지만 원국이 無財 사주라 큰돈은 아니다.

상관사주로 보나 종아격으로 보나 두뇌가 명석하고 두 아들도 수재다.

일간과 명암합하는 午 중의 丙이 아내다. 子午충으로 쓸모없으니 용모도 추하고 배움이 짧다. 지저분하고 아주 인색하다. 년지에 있으니 조혼했다.

時干의 丙이 나를 빛내줄 여자라고 믿는다. 여기저기 여자를 찾아 헤맨다. 퇴직 후에 젊은 여자와 살고 있다고 한다. 午를 버리고 丙을 찾아간다. 여러 여자가 스쳐갔다.

午를 딸자식으로 보면 壬子는 사위다. 冲이 심하니 딸은 마흔이 다 되어가도록 미혼이다.

초년 癸丑 대운은 춥고 배고픈 시절이다. 찢어지게 가난한 집안의 장남으로 태어나 대학진학은 꿈도 꾸지 못했으나 甲寅 대운이 오자 丙이 살아나게 되어 교사 임용 시험에 합격하여 초등 교사로 나갔다.

甲寅 乙卯 대운은 행복하고 순탄한 운이었고 돈도 조금씩 모아 가며 화목한 가정을 이끌어갔다.

丙대운 - 시간의 丙이 동하고 子午충도 유발되니 차남이 눈을 다쳐 한쪽 눈이 실명이 되었다. 그로 인한 시비와 관재가 심했다. 官이 충을 받으니 멀리 북쪽의 육지로 전근을 했다.

辰대운 - 辰 중의 乙이 있어 바람기가 동했다. 학부모와 바람을 피우니 가정이 시끄럽다. 旺神인 상관이 입고되니 바른 판단력이 사라지고 언행이 거칠어졌다. 상관은 나의 생각이고 언행인데 辰으로 인해 흙탕물이 일어났기 때문이다.

丁대운 - 丁이 뜨자 子午충이 유발되어 가정을 버리고 도로 섬으로 전근을 갔다. 丁壬으로 합을 하니 남은 壬이 난동을 부려 처로부터 소송을 당했다. 월급이 차압되고 망신살이 뻗쳤다. 그래도 정작 본인은 부끄러워하지도 않았다.

巳대운 - 丙이 건록을 얻으니 교감 승진이 되었다. 巳申형살이 발동되어 초기 위암으로 수술을 받았고 완치가 되었다.

戊대운 - 戊가 壬을 억제하여 교장승진을 했다. 丁巳와 戊午 대운에 자신의 직업 운은 좋아 승진이 순조롭다.

午대운 - 다시 子午충이 일어나 정년퇴임을 했다. 여전히 자식들과는 냉담하다. 자식들이 부친을 다시 받아들이려 해도 이 사람이 응하지 않는다. 예전에 불화가 심할 때 부인이 자식들을 앞세워 부자지간에 싸우게 했기 때문이다. 현명하지 못한 처가 남편이 바람을 피우는 현장을 자식들을 시켜서 잡아내게 하기도 하고 교육계에 소문을 퍼뜨리기도 했었다.

그 아내의 사주

					57							
癸	癸	癸	丁		庚	己	戊	丁	丙	乙	甲	
亥	巳	卯	亥 여자		戌	酉	申	未	午	巳	辰	大運

水木傷官用食神格 사주고 통관과 생재를 해주는 卯가 희용신이고 천을귀인까지 있어 자식에 대한 정이 깊고 자식이 현달하며 효순하다.

巳亥충으로 부부궁이 깨어지고 비겁이 많아 남편을 온전히 지니기 어렵지만 戊癸로 합하고 있어 이혼은 하지 않고 있다. 癸巳 일주는 고란살이라 남편 애로가 많다.

군비쟁재가 심하고 巳亥충까지 있어 부친 인연이 좋지 못하다. 乙巳대운 17세인 癸卯년에 부친성인 丁이 거듭 극되어 사별했다. 辰대운부터 부친이 병들고 몹시 가난하여 초등학교만 나왔으나 아주 총명하고 잔머리가 잘 돌아간다.

戊가 약하니 재생관시키기 위해서인지 病的인 구두쇠고 욕심이 콧구멍까지 차 있다. 딱하다. 매사에 얻어먹을 궁리만 하고 있다. 그런 방면으로 아주 치밀하다. 남편을 돈 버는 기계처럼 생각하고 있었다. 질투심도 대단하여 이성을 잃을 정도였다.

戊대운 - 남편인 戊가 쟁합하니 남편의 바람이 심해지고 불화도 극심했다. 드디어 남편이 가출하여 타지방으로 갔다. 별거가 시작되고 집에 생활비를 들여놓지 않았다.

申대운 - 巳申형살이 든다. 현직에 있는 남편을 상대로 생활비 청구 소송을 걸어 이겼다.

酉대운 - 卯酉충이 일어나 자식이 튕겨나가니 차남이 해외 근무를 하게 되어 멀리 타국으로 나갔다.

장남의 사주

庚 丙 丁 庚
寅 申 亥 戌 남자

財多身弱 用印格 사주다. 편인인 寅이 용신이라 두뇌가 명석하다. 서울대를 갈 만한 실력이었으나 부모의 불화로 인해 고려대학에 갔다.

재다신약격이고 寅申충이라 부모가 불화하고 이별하며 부친 덕이 없다. 반쯤 고학으로 대학을 마쳤다. 부친이 월급을 타도 생활비를 주지 않아 어린 나이에 몹시 고생을 했다. 이 아들도 다혈질이다. 원래 편인이 용신인 사람은 다혈질인 경우가 많은데 충까지 받으니 불같은 성질이 있고 부친에게 심하게 대들다 서로 원수가 되어 버렸다.

막내딸의 사주

					19			
己	乙	辛	甲		戊	己	庚	
卯	亥	未	寅	여자	辰	巳	午	大運

곡직인수격이나 종왕격 사주다. 따라서 己나 辛은 기신이다. 마흔이다 된 나이에도 미혼이다. 관성인 辛은 약하고 일지의 甲과 명암합하는 己도 약하다. 군비쟁재만 일으킬 뿐이다.

극히 신왕하고 숲 속에 나무가 빽빽하니 비만체질이다. 키고 크고 몸도 굵다. 설기가 안 되니 그렇다.

寅 중의 戊가 부친이고 甲은 그 표출신이다. 庚대운에 甲을 극하니 부친이 분별력을 상실했고 己대운에는 甲己로 합하니 부친이 다른 여자와 합하려고 가출을 해버렸다. 그 길로 인연이 멀어졌다. 己는 부친인 甲에서 보면 여자다.

靈的인 존재...

 귀신이란 게 있는가, 없는가? 이런 생각들은 누구나 한 번씩은 해봤을 것이다. 아직까지 내 눈으로 본 적이 없으니 뭐라고 말할 순 없으나 아주 없다고 단언하기도 좀 뭣한 경험을 한 적이 있다.
 95년 乙亥년 겨울이다. 그 당시에 직장에 다니면서 밤으로 상담을 했었다. 그날 따라 유독 손님이 많이 왔다. 작은 집 안에 사람들로 가득 찼다. 6시부터 상담을 시작하여 9시를 훌쩍 넘긴 시각부터 갑자기 속이 메스껍고 눈알이 빠질 듯이 아프며 구토가 날 것 같았다.
 나는 속으로 내가 너무 무리해서 그런가 보다 하면서 계속 상담을 했다. 너무 심하게 울렁거리고 심지어 머리카락이 쭉 뻗쳐 올라가는 느낌도 들었다. 그 당시 나는 아주 건강했고 평소에 이런 증세가 전혀 없었다.
 드디어 마지막 손님이 내 앞에 앉았다. 자매간이라는 두 여성이 아까부터 작은방에서 기다리고 있었는데 그 여성들이 집에 들어올 때부터 이런 증세가 나타났던 것 같았다. 둘 다 키가 크고 덩치도 대단했다.

먼저 언니 되는 여성이 먼저 자기의 남편 사주를 넣었다. 지금 그 사주는 잊어버렸지만 그 사주를 보는 순간 나는 몸이 크게 흔들릴 정도로 어지러웠고 혀가 안으로 당겨 들어가 말을 제대로 할 수가 없었다.

더듬더듬 말을 시작했다.

"이 아저씨가 작년부터 운이 아주 나빠졌네요."

"어떻게요?"

"가스, 폭발, 화상……."

숨이 막혀 말을 할 수가 없었다. 사주를 보면 분명히 죽은 사람 같은데 죽은 사람을 넣었을 리는 없을 것이고 아주 이상한 느낌이 들었다.

여인이 상 앞으로 바싹 다가앉으며 물었다.

"나쁘면 얼마나 나쁜데요?"

갑자기 나도 모르게 화가 치밀며 소리를 질렀다.

"살아 있으면 다행이오."

그 여성의 눈에서 눈물이 흘렀다. 나는 깜짝 놀랐다. 내가 너무 심한 소리를 해서 우는 줄 알았다. 그래서 미안하다고 했다. 그랬더니 그 여성이 "실은 죽은 남편의 사주입니다." 한다.

이번에는 화가 머리끝까지 솟았다.

"아니 죽은 사람의 사주를 넣습니까? 죽은 사람의 사주를 보는 사람도 있습니까? 사람을 테스트하는 겁니까? 그래서 죽은 걸 못

맞히면 나쁜 소문을 내려고 그러는 겁니까?"라고 다그쳤다.

그랬더니 두 여성이 아주 미안해하며 거듭 사과를 했다. 절대로 시험해 보려고 그런 것이 아니고 자기 남편은 작년에 대구 가스 폭발 사고로 죽었는데 자기 시어머니가 "네 년 사주가 나빠서 내 아들을 잡아먹었다."며 욕을 하고 심지어는 때리기까지 한다는 것이었다.

그래서 도대체 누구 탓으로 죽었는지 알고 싶었다는 것이다. 그런데 남편의 사주만 넣었는데 죽은 걸 알아맞히니 자기가 잡아먹은 것이 아니다 싶은 안도의 눈물이라는 것이다.

그 여성의 사주를 보니 1년 반 안에 보상금으로 받은 많은 돈을 다 날릴 운이 들어 있었다. 그 당시에 4억 5천만 원은 큰돈이다. 목이 아프도록 당부를 해서 돌려보내고 김해에 산다는 그 여성의 집으로 수 차 안부 전화도 걸어서 주의를 환기시켰지만 기어이 고리대금을 하는 친구에게 돈을 빌려줬다가 돈과 집을 다 날리고 두 아들과 함께 어렵게 살아가는 처지가 되었고 초등 교사인 여동생까지도 보증에 얽히게 만들어 학교를 그만두게 만들었다.

그날 귀신을 눈으로 목격하지는 못했으나 몸에 일어난 여러 가지 이상한 반응들은 귀신이 온 것을 감지한 것 같았다. 난 귀신을 믿지 않는 사람이었지만 그날 이후로 귀신이 없다, 라는 말은 하지 않는다.

한 보름 후에 그 자매들이 학원장이라는 중년의 점잖게 생긴 여성을 데리고 왔다. 그런데 또 그런 반응이 왔다. 그날 밤처럼 심하지는 않았지만 상당히 이상했다. 새로 온 여성의 사주를 보니 형제가 횡사하는 사주였다. 최근에 죽은 형제가 있다고 했다. 남동생이 오토바이 사고로 죽었다고 했다.

죽은 지 얼마 되지 않는 사람의 가족이 물으러 오면 귀신이 따라오는가 싶었다.